QUIRGUIZ
VOCABULÁRIO

PALAVRAS MAIS ÚTEIS

PORTUGUÊS QUIRGUIZ

Para alargar o seu léxico e apurar as suas competências linguísticas

5000 palavras

Vocabulário Português-Quirguiz - 5000 palavras
Por Andrey Taranov

Os vocabulários da T&P Books destinam-se a ajudar a aprender, a memorizar, e a rever palavras estrangeiras. O dicionário é dividido em temas, cobrindo todas as principais esferas de atividades quotidianas, negócios, ciência, cultura, etc.

O processo de aprendizagem, utilizando os dicionários baseados em temáticas da T&P Books dá-lhe as seguintes vantagens:

- Informação de origem corretamente agrupada predetermina o sucesso em fases subsequentes da memorização de palavras
- Disponibilização de palavras derivadas da mesma raiz, o que permite a memorização de unidades de texto (em vez de palavras separadas)
- Pequenas unidades de palavras facilitam o processo de estabelecimento de vínculos associativos necessários para a consolidação do vocabulário
- O nível de conhecimento da língua pode ser estimado pelo número de palavras aprendidas

Copyright © 2019 T&P Books Publishing

Todos os direitos reservados. Nenhuma parte desta publicação pode ser reproduzida, total ou parcialmente, por quaisquer métodos ou processos, sejam eles eletrónicos, mecânicos, de fotocópia ou outros, sem a autorização escrita do editor. Esta publicação não pode ser divulgada, copiada ou distribuída em nenhum formato.

T&P Books Publishing
www.tpbooks.com

ISBN: 978-1-78767-050-1

Este livro também está disponível em formato E-book.
Por favor visite www.tpbooks.com ou as principais livrarias on-line.

VOCABULÁRIO QUIRGUIZ
palavras mais úteis

Os vocabulários da T&P Books destinam-se a ajudar a aprender, a memorizar, e a rever palavras estrangeiras. O vocabulário contém mais de 5000 palavras de uso comum organizadas tematicamente.

O vocabulário contém as palavras mais comummente usadas
Recomendado como adicional para qualquer curso de línguas
Satisfaz as necessidades dos iniciados e dos alunos avançados de línguas estrangeiras
Conveniente para o uso diário, sessões de revisão e atividades de auto-teste
Permite avaliar o seu vocabulário

Características especias do vocabulário

- As palavras estão organizadas de acordo com o seu significado, e não por ordem alfabética
- As palavras são apresentadas em três colunas para facilitar os processos de revisão e auto-teste
- As palavras compostas são divididas em pequenos blocos para facilitar o processo de aprendizagem
- O vocabulário oferece uma transcrição simples e adequada de cada palavra estrangeira

O vocabulário contém 155 tópicos incluindo:

Conceitos básicos, Números, Cores, Meses, Estações do ano, Unidades de medida, Roupas & Acessórios, Alimentos & Nutrição, Restaurante, Membros da Família, Parentes, Caráter, Sentimentos, Emoções, Doenças, Cidade, Passeios, Compras, Dinheiro, Casa, Lar, Escritório, Trabalho no Escritório, Importação & Exportação, Marketing, Pesquisa de Emprego, Desportos, Educação, Computador, Internet, Ferramentas, Natureza, Países, Nacionalidades e muito mais ...

TABELA DE CONTEÚDOS

Guia de pronunciação	9
Abreviaturas	10

CONCEITOS BÁSICOS — 11
Conceitos básicos. Parte 1 — 11

1. Pronomes — 11
2. Cumprimentos. Saudações. Despedidas — 11
3. Como se dirigir a alguém — 12
4. Números cardinais. Parte 1 — 12
5. Números cardinais. Parte 2 — 13
6. Números ordinais — 14
7. Números. Frações — 14
8. Números. Operações básicas — 14
9. Números. Diversos — 14
10. Os verbos mais importantes. Parte 1 — 15
11. Os verbos mais importantes. Parte 2 — 16
12. Os verbos mais importantes. Parte 3 — 17
13. Os verbos mais importantes. Parte 4 — 18
14. Cores — 18
15. Questões — 19
16. Preposições — 20
17. Palavras funcionais. Advérbios. Parte 1 — 20
18. Palavras funcionais. Advérbios. Parte 2 — 22

Conceitos básicos. Parte 2 — 24

19. Dias da semana — 24
20. Horas. Dia e noite — 24
21. Meses. Estações — 25
22. Unidades de medida — 27
23. Recipientes — 28

O SER HUMANO — 29
O ser humano. O corpo — 29

24. Cabeça — 29
25. Corpo humano — 30

Vestuário & Acessórios — 31

26. Roupa exterior. Casacos — 31
27. Vestuário de homem & mulher — 31

28. Vestuário. Roupa interior	32
29. Adereços de cabeça	32
30. Calçado	32
31. Acessórios pessoais	33
32. Vestuário. Diversos	33
33. Cuidados pessoais. Cosméticos	34
34. Relógios de pulso. Relógios	35

Alimentação. Nutrição 36

35. Comida	36
36. Bebidas	37
37. Vegetais	38
38. Frutos. Nozes	39
39. Pão. Bolaria	40
40. Pratos cozinhados	40
41. Especiarias	41
42. Refeições	42
43. Por a mesa	43
44. Restaurante	43

Família, parentes e amigos 44

45. Informação pessoal. Formulários	44
46. Membros da família. Parentes	44

Medicina 46

47. Doenças	46
48. Sintomas. Tratamentos. Parte 1	47
49. Sintomas. Tratamentos. Parte 2	48
50. Sintomas. Tratamentos. Parte 3	49
51. Médicos	50
52. Medicina. Drogas. Acessórios	50

HABITAT HUMANO 52
Cidade 52

53. Cidade. Vida na cidade	52
54. Instituições urbanas	53
55. Sinais	54
56. Transportes urbanos	55
57. Turismo	56
58. Compras	57
59. Dinheiro	58
60. Correios. Serviço postal	59

Moradia. Casa. Lar 60

61. Casa. Eletricidade	60

62. Moradia. Mansão	60
63. Apartamento	60
64. Mobiliário. Interior	61
65. Quarto de dormir	62
66. Cozinha	62
67. Casa de banho	63
68. Eletrodomésticos	64

ATIVIDADES HUMANAS	65
Emprego. Negócios. Parte 1	65
69. Escritório. O trabalho no escritório	65
70. Processos negociais. Parte 1	66
71. Processos negociais. Parte 2	67
72. Produção. Trabalhos	68
73. Contrato. Acordo	69
74. Importação & Exportação	70
75. Finanças	70
76. Marketing	71
77. Publicidade	72
78. Banca	72
79. Telefone. Conversação telefónica	73
80. Telefone móvel	74
81. Estacionário	74
82. Tipos de negócios	75

Emprego. Negócios. Parte 2	77
83. Espetáculo. Feira	77
84. Ciência. Investigação. Cientistas	78

Profissões e ocupações	80
85. Procura de emprego. Demissão	80
86. Gente de negócios	80
87. Profissões de serviços	81
88. Profissões militares e postos	82
89. Oficiais. Padres	83
90. Profissões agrícolas	83
91. Profissões artísticas	84
92. Várias profissões	84
93. Ocupações. Estatuto social	86

Educação	87
94. Escola	87
95. Colégio. Universidade	88
96. Ciências. Disciplinas	89
97. Sistema de escrita. Ortografia	89
98. Línguas estrangeiras	90

Descanso. Entretenimento. Viagens	92
99. Viagens	92
100. Hotel	92
EQUIPAMENTO TÉCNICO. TRANSPORTES	**94**
Equipamento técnico. Transportes	**94**
101. Computador	94
102. Internet. E-mail	95
103. Eletricidade	96
104. Ferramentas	96
Transportes	**99**
105. Avião	99
106. Comboio	100
107. Barco	101
108. Aeroporto	102
Eventos	**104**
109. Férias. Evento	104
110. Funerais. Enterro	105
111. Guerra. Soldados	105
112. Guerra. Ações militares. Parte 1	107
113. Guerra. Ações militares. Parte 2	108
114. Armas	109
115. Povos da antiguidade	111
116. Idade média	112
117. Líder. Chefe. Autoridades	113
118. Viloação da lei. Criminosos. Parte 1	114
119. Viloação da lei. Criminosos. Parte 2	115
120. Polícia. Lei. Parte 1	116
121. Polícia. Lei. Parte 2	117
NATUREZA	**119**
A Terra. Parte 1	**119**
122. Espaço sideral	119
123. A Terra	120
124. Pontos cardeais	121
125. Mar. Oceano	121
126. Nomes de Mares e Oceanos	122
127. Montanhas	123
128. Nomes de montanhas	124
129. Rios	124
130. Nomes de rios	125
131. Floresta	125
132. Recursos naturais	126

A Terra. Parte 2   128

133. Tempo   128
134. Tempo extremo. Catástrofes naturais   129

Fauna   130

135. Mamíferos. Predadores   130
136. Animais selvagens   130
137. Animais domésticos   131
138. Pássaros   132
139. Peixes. Animais marinhos   134
140. Amfíbios. Répteis   134
141. Insetos   135

Flora   136

142. Árvores   136
143. Arbustos   136
144. Frutos. Bagas   137
145. Flores. Plantas   138
146. Cereais, grãos   139

PAÍSES. NACIONALIDADES   140

147. Europa Ocidental   140
148. Europa Central e de Leste   140
149. Países da ex-URSS   141
150. Asia   141
151. América do Norte   142
152. América Central do Sul   142
153. Africa   143
154. Austrália. Oceania   143
155. Cidades   143

GUIA DE PRONUNCIAÇÃO

Alfabeto fonético T&P	Exemplo quirguiz	Exemplo Português
[a]	манжа [mandʒa]	chamar
[e]	келечек [keletʃek]	metal
[i]	жигит [dʒigit]	sinónimo
[ı]	кубаныч [kubanıtʃ]	sinónimo
[o]	мактоо [maktoo]	lobo
[u]	узундук [uzunduk]	bonita
[ʉ]	алюминий [alʉminij]	nacional
[y]	түнкү [tynky]	questionar
[b]	ашкабак [aʃkabak]	barril
[d]	адам [adam]	dentista
[dʒ]	жыгач [dʒıgatʃ]	adjetivo
[f]	флейта [flejta]	safári
[g]	тегерек [tegerek]	gosto
[j]	бейрөк [bøjrøk]	géiser
[k]	карапа [karapa]	kiwi
[l]	алтын [altın]	libra
[m]	бешмант [beʃmant]	magnólia
[n]	найза [najza]	natureza
[ŋ]	булуң [buluŋ]	alcançar
[p]	пайдубал [pajdubal]	presente
[r]	рахмат [raχmat]	riscar
[s]	сагызган [sagızgan]	sanita
[ʃ]	бурулуш [buruluʃ]	mês
[t]	түтүн [tytyn]	tulipa
[χ]	пахтадан [paχtadan]	spagnolo - Juan
[ts]	шприц [ʃprits]	tsé-tsé
[tʃ]	биринчи [birintʃi]	Tchau!
[v]	квартал [kvartal]	fava
[z]	казуу [kazuu]	sésamo
[ʲ]	руль, актёр [rulʲ, aktʲor]	sinal de palatalização
[ˈ]	объектив [obˈjektiv]	sinal forte

ABREVIATURAS
usadas no vocabulário

Abreviaturas do Português

adj	-	adjetivo
adv	-	advérbio
anim.	-	animado
conj.	-	conjunção
desp.	-	desporto
etc.	-	etecetra
ex.	-	por exemplo
f	-	nome feminino
f pl	-	feminino plural
fem.	-	feminino
inanim.	-	inanimado
m	-	nome masculino
m pl	-	masculino plural
m, f	-	masculino, feminino
masc.	-	masculino
mat.	-	matemática
mil.	-	militar
pl	-	plural
prep.	-	preposição
pron.	-	pronome
sb.	-	sobre
sing.	-	singular
v aux	-	verbo auxiliar
vi	-	verbo intransitivo
vi, vt	-	verbo intransitivo, transitivo
vr	-	verbo reflexivo
vt	-	verbo transitivo

CONCEITOS BÁSICOS

Conceitos básicos. Parte 1

1. Pronomes

eu	мен, мага	men, maga
tu	сен	sen
ele, ela	ал	al
eles, elas	алар	alar

2. Cumprimentos. Saudações. Despedidas

Olá!	Салам!	salam!
Bom dia! (formal)	Саламатсызбы!	salamatsızbı!
Bom dia! (de manhã)	Кутман таңыңыз менен!	kutman taŋıŋız menen!
Boa tarde!	Кутман күнүңүз менен!	kutman kynyŋyz menen!
Boa noite!	Кутман кечиңиз менен!	kutman ketʃiŋiz menen!
cumprimentar (vt)	учурашуу	utʃuraʃuu
Olá!	Кандай!	kandaj!
saudação (f)	салам	salam
saudar (vt)	саламдашуу	salamdaʃuu
Como vai?	Иштериңиз кандай?	iʃteriŋiz kandaj?
Como vais?	Иштер кандай?	iʃter kandaj?
O que há de novo?	Эмне жаңылык?	emne dʒaŋılık?
Até à vista!	Көрүшкөнчө!	køryʃkøntʃø!
Até breve!	Эмки жолукканга чейин!	emki dʒolukkanga tʃejin!
Adeus! (sing.)	Кош бол!	koʃ bol!
Adeus! (pl)	Кош болуңуз!	koʃ boluŋuz!
despedir-se (vr)	коштошуу	koʃtoʃuu
Até logo!	Жакшы кал!	dʒakʃı kal!
Obrigado! -a!	Рахмат!	raxmat!
Muito obrigado! -a!	Чоң рахмат!	tʃoŋ raxmat!
De nada	Эч нерсе эмес	etʃ nerse emes
Não tem de quê	Алкышка арзыбайт	alkıʃka arzıbajt
De nada	Эчтеке эмес.	etʃteke emes
Desculpa!	Кечир!	ketʃir!
Desculpe!	Кечирип коюңузчу!	ketʃirip kojuŋuztʃu!
desculpar (vt)	кечирүү	ketʃiryy
desculpar-se (vr)	кечирим суроо	ketʃirim suroo
As minhas desculpas	Кечирим сурайм.	ketʃirim surajm
Desculpe!	Кечиресиз!	ketʃiresiz!

perdoar (vt)	кечирүү	ketʃiryy
Não faz mal	Эч капачылык жок.	etʃ kapatʃılık dʒok
por favor	суранам	suranam

Não se esqueça!	Унутуп калбаңыз!	unutup kalbaŋız!
Certamente! Claro!	Албетте!	albette!
Claro que não!	Албетте жок!	albette dʒok!
Está bem! De acordo!	Макул!	makul!
Basta!	Жетишет!	dʒetiʃet!

3. Como se dirigir a alguém

Desculpe (para chamar a atenção)	Кечиресиз!	ketʃiresiz!
senhor	мырза	mırza
senhora	айым	ajım
rapariga	чоң кыз	tʃoŋ kız
rapaz	чоң жигит	tʃoŋ dʒigit
menino	жаш бала	dʒaʃ bala
menina	кызым	kızım

4. Números cardinais. Parte 1

zero	нөл	nøl
um	бир	bir
dois	эки	eki
três	үч	ytʃ
quatro	төрт	tørt
cinco	беш	beʃ
seis	алты	altı
sete	жети	dʒeti
oito	сегиз	segiz
nove	тогуз	toguz
dez	он	on
onze	он бир	on bir
doze	он эки	on eki
treze	он үч	on ytʃ
catorze	он төрт	on tørt
quinze	он беш	on beʃ
dezasseis	он алты	on altı
dezassete	он жети	on dʒeti
dezoito	он сегиз	on segiz
dezanove	он тогуз	on toguz
vinte	жыйырма	dʒıjırma
vinte e um	жыйырма бир	dʒıjırma bir
vinte e dois	жыйырма эки	dʒıjırma eki
vinte e três	жыйырма үч	dʒıjırma ytʃ
trinta	отуз	otuz

trinta e um	отуз бир	otuz bir
trinta e dois	отуз эки	otuz eki
trinta e três	отуз үч	otuz ytʃ
quarenta	кырк	kırk
quarenta e dois	кырк эки	kırk eki
quarenta e três	кырк үч	kırk ytʃ
cinquenta	элүү	elyy
cinquenta e um	элүү бир	elyy bir
cinquenta e dois	элүү эки	elyy eki
cinquenta e três	элүү үч	elyy ytʃ
sessenta	алтымыш	altımıʃ
sessenta e um	алтымыш бир	altımıʃ bir
sessenta e dois	алтымыш эки	altımıʃ eki
sessenta e três	алтымыш үч	altımıʃ ytʃ
setenta	жетимиш	dʒetimiʃ
setenta e um	жетимиш бир	dʒetimiʃ bir
setenta e dois	жетимиш эки	dʒetimiʃ eki
setenta e três	жетимиш үч	dʒetimiʃ ytʃ
oitenta	сексен	seksen
oitenta e um	сексен бир	seksen bir
oitenta e dois	сексен эки	seksen eki
oitenta e três	сексен үч	seksen ytʃ
noventa	токсон	tokson
noventa e um	токсон бир	tokson bir
noventa e dois	токсон эки	tokson eki
noventa e três	токсон үч	tokson ytʃ

5. Números cardinais. Parte 2

cem	бир жүз	bir dʒyz
duzentos	эки жүз	eki dʒyz
trezentos	үч жүз	ytʃ dʒyz
quatrocentos	төрт жүз	tørt dʒyz
quinhentos	беш жүз	beʃ dʒyz
seiscentos	алты жүз	altı dʒyz
setecentos	жети жүз	dʒeti dʒyz
oitocentos	сегиз жүз	segiz dʒyz
novecentos	тогуз жүз	toguz dʒyz
mil	бир миң	bir miŋ
dois mil	эки миң	eki miŋ
De quem são ...?	үч миң	ytʃ miŋ
dez mil	он миң	on miŋ
cem mil	жүз миң	dʒyz miŋ
um milhão	миллион	million
mil milhões	миллиард	milliard

6. Números ordinais

primeiro	биринчи	birintʃi
segundo	экинчи	ekintʃi
terceiro	үчүнчү	ytʃyntʃy
quarto	төртүнчү	tørtyntʃy
quinto	бешинчи	beʃintʃi
sexto	алтынчы	altıntʃı
sétimo	жетинчи	dʒetintʃi
oitavo	сегизинчи	segizintʃi
nono	тогузунчу	toguzuntʃu
décimo	онунчу	onuntʃu

7. Números. Frações

fração (f)	бөлчөк	bøltʃøk
um meio	экиден бир	ekiden bir
um terço	үчтөн бир	ytʃtøn bir
um quarto	төрттөн бир	tørttøn bir
um oitavo	сегизден бир	segizden bir
um décimo	тогуздан бир	toguzdan bir
dois terços	үчтөн эки	ytʃtøn eki
três quartos	төрттөн үч	tørttøn ytʃ

8. Números. Operações básicas

subtração (f)	кемитүү	kemityy
subtrair (vi, vt)	кемитүү	kemityy
divisão (f)	бөлүү	bølyy
dividir (vt)	бөлүү	bølyy
adição (f)	кошуу	koʃuu
somar (vt)	кошуу	koʃuu
adicionar (vt)	кошуу	koʃuu
multiplicação (f)	көбөйтүү	købøjtyy
multiplicar (vt)	көбөйтүү	købøjtyy

9. Números. Diversos

algarismo, dígito (m)	санарип	sanarip
número (m)	сан	san
numeral (m)	сан атооч	san atootʃ
menos (m)	кемитүү	kemityy
mais (m)	плюс	plʉs
fórmula (f)	формула	formula
cálculo (m)	эсептөө	eseptøø
contar (vt)	саноо	sanoo

calcular (vt)	эсептөө	eseptöö
comparar (vt)	салыштыруу	salıʃtıruu

Quanto, -os, -as?	Канча?	kantʃa?
soma (f)	жыйынтык	dʒıjıntık
resultado (m)	натыйжа	natıjdʒa
resto (m)	калдык	kaldık

alguns, algumas ...	бир нече	bir netʃe
um pouco de ...	биртике	bir az
poucos, -as (~ pessoas)	бир аз	bir az
um pouco (~ de vinho)	кичине	kitʃine
resto (m)	калганы	kalganı
um e meio	бир жарым	bir dʒarım
dúzia (f)	он эки даана	on eki daana

ao meio	тең экиге	teŋ ekige
em partes iguais	тең	teŋ
metade (f)	жарым	dʒarım
vez (f)	бир жолу	bir dʒolu

10. Os verbos mais importantes. Parte 1

abrir (vt)	ачуу	atʃuu
acabar, terminar (vt)	бүтүрүү	bytyryy
aconselhar (vt)	кеңеш берүү	keŋeʃ beryy
adivinhar (vt)	жандырмагын табуу	dʒandırmagın tabuu
advertir (vt)	эскертүү	eskertyy

ajudar (vt)	жардам берүү	dʒardam beryy
almoçar (vi)	түштөнүү	tyʃtönyy
alugar (~ um apartamento)	батирге алуу	batirge aluu
amar (vt)	сүйүү	syjyy
ameaçar (vt)	коркутуу	korkutuu

anotar (escrever)	кагазга түшүрүү	kagazga tyʃyryy
apanhar (vt)	кармоо	karmoo
apressar-se (vr)	шашуу	ʃaʃuu
arrepender-se (vr)	өкүнүү	ökynyy
assinar (vt)	кол коюу	kol kojuu

atirar, disparar (vi)	атуу	atuu
brincar (vi)	тамашалоо	tamaʃaloo
brincar, jogar (crianças)	ойноо	ojnoo
buscar (vt)	... издөө	... izdöö
caçar (vi)	аңчылык кылуу	aŋtʃılık kıluu

cair (vi)	жыгылуу	dʒıgıluu
cavar (vt)	казуу	kazuu
cessar (vt)	токтотуу	toktotuu
chamar (~ por socorro)	чакыруу	tʃakıruu
chegar (vi)	келүү	kelyy
chorar (vi)	ыйлоо	ıjloo
começar (vt)	баштоо	baʃtoo

comparar (vt)	салыштыруу	salıʃtıruu
compreender (vt)	түшүнүү	tyʃynyy
concordar (vi)	макул болуу	makul boluu
confiar (vt)	ишенүү	iʃenyy
confundir (equivocar-se)	адаштыруу	adaʃtıruu
conhecer (vt)	таануу	taanuu
contar (fazer contas)	саноо	sanoo
contar com (esperar)	… ишенүү	… iʃenyy
continuar (vt)	улантуу	ulantuu
controlar (vt)	башкаруу	baʃkaruu
convidar (vt)	чакыруу	tʃakıruu
correr (vi)	чуркоо	tʃurkoo
criar (vt)	жаратуу	dʒaratuu
custar (vt)	туруу	turuu

11. Os verbos mais importantes. Parte 2

dar (vt)	берүү	beryy
dar uma dica	четин чыгаруу	tʃetin tʃıgaruu
decorar (enfeitar)	кооздоо	koozdoo
defender (vt)	коргоо	korgoo
deixar cair (vt)	түшүрүп алуу	tyʃyryp aluu
descer (para baixo)	ылдый түшүү	ıldıj tyʃyy
desculpar (vt)	кечирүү	ketʃiryy
desculpar-se (vr)	кечирим суроо	ketʃirim suroo
dirigir (~ uma empresa)	башкаруу	baʃkaruu
discutir (notícias, etc.)	талкуулоо	talkuuloo
dizer (vt)	айтуу	ajtuu
duvidar (vt)	күмөн саноо	kymøn sanoo
encontrar (achar)	таап алуу	taap aluu
enganar (vt)	алдоо	aldoo
entrar (na sala, etc.)	кирүү	kiryy
enviar (uma carta)	жөнөтүү	dʒønøtyy
errar (equivocar-se)	ката кетирүү	kata ketiryy
escolher (vt)	тандоо	tandoo
esconder (vt)	жашыруу	dʒaʃıruu
escrever (vt)	жазуу	dʒazuu
esperar (o autocarro, etc.)	күтүү	kytyy
esperar (ter esperança)	үмүттөнүү	ymyttønyy
esquecer (vt)	унутуу	unutuu
estudar (vt)	окуу	okuu
exigir (vt)	талап кылуу	talap kıluu
existir (vi)	чыгуу	tʃıguu
explicar (vt)	түшүндүрүү	tyʃyndyryy
falar (vi)	сүйлөө	syjløø
faltar (clases, etc.)	калтыруу	kaltıruu
fazer (vt)	кылуу	kıluu

ficar em silêncio	унчукпоо	untʃukpoo
gabar-se, jactar-se (vr)	мактануу	maktanuu
gostar (apreciar)	жактыруу	dʒaktıruu
gritar (vi)	кыйкыруу	kıjkıruu
guardar (cartas, etc.)	сактоо	saktoo
informar (vt)	маалымат берүү	maalımat beryy
insistir (vi)	көшөрүү	køʃøryy
insultar (vt)	кемсинтүү	kemsintyy
interessar-se (vr)	... кызыгуу	... kızıguu
ir (a pé)	жөө басуу	dʒøø basuu
ir nadar	сууга түшүү	suuga tyʃyy
jantar (vi)	кечки тамакты ичүү	ketʃki tamaktı itʃyy

12. Os verbos mais importantes. Parte 3

ler (vt)	окуу	okuu
libertar (cidade, etc.)	бошотуу	boʃotuu
matar (vt)	өлтүрүү	øltyryy
mencionar (vt)	айтып өтүү	ajtıp øtyy
mostrar (vt)	көрсөтүү	kørsøtyy
mudar (modificar)	өзгөртүү	øzgørtyy
nadar (vi)	сүзүү	syzyy
negar-se a ...	баш тартуу	baʃ tartuu
objetar (vt)	каршы болуу	karʃı boluu
observar (vt)	байкоо салуу	bajkoo
ordenar (mil.)	буйрук кылуу	bujruk kıluu
ouvir (vt)	угуу	uguu
pagar (vt)	төлөө	tøløø
parar (vi)	токтоо	toktoo
participar (vi)	катышуу	katıʃuu
pedir (comida)	буйрутма кылуу	bujrutma kıluu
pedir (um favor, etc.)	суроо	suroo
pegar (tomar)	алуу	aluu
pensar (vt)	ойлоо	ojloo
perceber (ver)	байкоо	bajkoo
perdoar (vt)	кечирүү	ketʃiryy
perguntar (vt)	суроо	suroo
permitir (vt)	уруксат берүү	uruksat beryy
pertencer a ...	таандык болуу	taandık boluu
planear (vt)	пландаштыруу	plandaʃtıruu
poder (vi)	жасай алуу	dʒasaj aluu
possuir (vt)	ээ болуу	ee boluu
preferir (vt)	артык көрүү	artık køryy
preparar (vt)	тамак бышыруу	tamak bıʃıruu
prever (vt)	күтүү	kytyy
prometer (vt)	убада берүү	ubada beryy

pronunciar (vt)	айтуу	ajtuu
propor (vt)	сунуштоо	sunuʃtoo
punir (castigar)	жазалоо	dʒazaloo

13. Os verbos mais importantes. Parte 4

quebrar (vt)	сындыруу	sındıruu
queixar-se (vr)	арызданyy	arızdanuu
querer (desejar)	каалоо	kaaloo
recomendar (vt)	сунуштоо	sunuʃtoo
repetir (dizer outra vez)	кайталоо	kajtaloo

repreender (vt)	урушуу	uruʃuu
reservar (~ um quarto)	камдык буйрутмалоо	kamdık bujrutmaloo
responder (vt)	жооп берүү	dʒoop beryy
rezar, orar (vi)	дуба кылуу	duba kıluu
rir (vi)	күлүү	kylyy

roubar (vt)	уурдоо	uurdoo
saber (vt)	билүү	bilyy
sair (~ de casa)	чыгуу	tʃıguu
salvar (vt)	куткаруу	kutkaruu
seguir …	… ээрчүү	… eertʃyy
sentar-se (vr)	отуруу	oturuu
ser necessário	керек болуу	kerek boluu
ser, estar	болуу	boluu
significar (vt)	билдирүү	bildiryy

sorrir (vi)	жылмаюу	dʒılmadʒʉu
subestimar (vt)	баалабоо	baalaboo
surpreender-se (vr)	таң калуу	taŋ kaluu
tentar (vt)	аракет кылуу	araket kıluu
ter (vt)	бар болуу	bar boluu
ter fome	ачка болуу	atʃka boluu
ter medo	жазкануу	dʒazkanuu
ter sede	суусап калуу	suusap kaluu

tocar (com as mãos)	тийүү	tijyy
tomar o pequeno-almoço	эртең менен тамактануу	erteŋ menen tamaktanuu
trabalhar (vi)	иштөө	iʃtøø
traduzir (vt)	которуу	kotoruu
unir (vt)	бириктирүү	biriktiryy

vender (vt)	сатуу	satuu
ver (vt)	көрүү	køryy
virar (ex. ~ à direita)	бурулуу	buruluu
voar (vi)	учуу	utʃuu

14. Cores

| cor (f) | түс | tys |
| matiz (m) | кошумча түс | koʃumtʃa tys |

tom (m)	кубулуу	kubuluu
arco-íris (m)	күндүн кулагы	kyndyn kulagı
branco	ак	ak
preto	кара	kara
cinzento	боз	boz
verde	жашыл	dʒaʃıl
amarelo	сары	sarı
vermelho	кызыл	kızıl
azul	көк	køk
azul claro	көгүлтүр	køgyltyr
rosa	мала	mala
laranja	кызгылт сары	kızgılt sarı
violeta	сыя көк	sıja køk
castanho	күрөң	kyrøŋ
dourado	алтын түстүү	altın tystyy
prateado	күмүш өңдүү	kymyʃ øŋdyy
bege	сары боз	sarı boz
creme	саргылт	sargılt
turquesa	бирюза	birɥza
vermelho cereja	кочкул кызыл	kotʃkul kızıl
lilás	кызгылт көгүш	kızgılt køgyʃ
carmesim	ачык кызыл	atʃık kızıl
claro	ачык	atʃık
escuro	күңүрт	kyŋyrt
vivo	ачык	atʃık
de cor	түстүү	tystyy
a cores	түстүү	tystyy
preto e branco	ак-кара	ak-kara
unicolor	бир өңчөй түстө	bir øŋtʃøj tystø
multicor	ар түрдүү түстө	ar tyrdyy tystø

15. Questões

Quem?	Ким?	kim?
Que?	Эмне?	emne?
Onde?	Каерде?	kaerde?
Para onde?	Каяка?	kajaka?
De onde?	Каяктан?	kajaktan?
Quando?	Качан?	katʃan?
Para quê?	Эмне үчүн?	emne ytʃyn?
Porquê?	Эмнеге?	emnege?
Para quê?	Кайсы керекке?	kajsı kerekke?
Como?	Кандай?	kandaj?
Qual?	Кайсы?	kajsı?
Qual? (entre dois ou mais)	Кайсынысы?	kajsınısı?
A quem?	Кимге?	kimge?

Sobre quem?	Ким жөнүндө?	kim dʒønyndø?
Do quê?	Эмне жөнүндө?	emne dʒønyndø?
Com quem?	Ким менен?	kim menen?
Quanto, -os, -as?	Канча?	kantʃa?
De quem? (masc.)	Кимдики?	kimdiki?
De quem é? (fem.)	Кимдики?	kimdiki?
De quem são? (pl)	Кимдердики?	kimderdiki?

16. Preposições

com (prep.)	менен	menen
sem (prep.)	-сыз, -сиз	-sız, -siz
a, para (exprime lugar)	... көздөй	... køzdøj
sobre (ex. falar ~)	... жөнүндө	... dʒønyndø
antes de ...	... астында	... astında
diante de ...	... алдында	... aldında
sob (debaixo de)	... астында	... astında
sobre (em cima de)	... өйдө	... øjdø
sobre (~ a mesa)	... үстүндө	... ystyndø
de (vir ~ Lisboa)	-дан	-dan
de (feito ~ pedra)	-дан	-dan
dentro de (~ dez minutos)	... ичинде	... itʃinde
por cima de ...	... үстүнөн	... ystynøn

17. Palavras funcionais. Advérbios. Parte 1

Onde?	Каерде?	kaerde?
aqui	бул жерде	bul dʒerde
lá, ali	тээтигил жакта	teetigil dʒakta
em algum lugar	бир жерде	bir dʒerde
em lugar nenhum	эч жакта	etʃ dʒakta
ao pé de ...	... жанында	... dʒanında
ao pé da janela	терезенин жанында	terezenin dʒanında
Para onde?	Каяка?	kajaka?
para cá	бери	beri
para lá	нары	narı
daqui	бул жерден	bul dʒerden
de lá, dali	тигил жерден	tigil dʒerden
perto	жакын	dʒakın
longe	алыс	alıs
perto de ...	... тегерегинде	... tegereginde
ao lado de	жакын арада	dʒakın arada
perto, não fica longe	алыс эмес	alıs emes
esquerdo	сол	sol

à esquerda	сол жакта	sol dʒakta
para esquerda	солго	solgo

direito	оң	oŋ
à direita	оң жакта	oŋ dʒakta
para direita	оңго	oŋgo

à frente	астыда	astıda
da frente	алдыңкы	aldıŋkı
em frente (para a frente)	алдыга	aldıga

atrás de ...	артында	artında
por detrás (vir ~)	артынан	artınan
para trás	артка	artka

meio (m), metade (f)	ортосу	ortosu
no meio	ортосунда	ortosunda

de lado	капталында	kaptalında
em todo lugar	бүт жерде	byt dʒerde
ao redor (olhar ~)	айланасында	ajlanasında

de dentro	ичинде	itʃinde
para algum lugar	бир жерде	bir dʒerde
diretamente	түз	tyz
de volta	кайра	kajra

de algum lugar	бир жерден	bir dʒerden
de um lugar	бир жактан	bir dʒaktan

em primeiro lugar	биринчиден	birintʃiden
em segundo lugar	экинчиден	ekintʃiden
em terceiro lugar	үчүнчүдөн	ytʃyntʃydøn

de repente	күтпөгөн жерден	kytpøgøn dʒerden
no início	башында	baʃında
pela primeira vez	биринчи жолу	birintʃi dʒolu
muito antes de ...	... алдында	... aldında
de novo, novamente	башынан	baʃınan
para sempre	түбөлүккө	tybølykkø

nunca	эч качан	etʃ katʃan
de novo	кайра	kajra
agora	эми	emi
frequentemente	көпчүлүк учурда	køptʃylyk utʃurda
então	анда	anda
urgentemente	тезинен	tezinen
usualmente	көбүнчө	købyntʃø

a propósito, ...	баса, ...	basa, ...
é possível	мүмкүн	mymkyn
provavelmente	балким	balkim
talvez	ыктымал	ıktımal
além disso, ...	андан тышкары, ...	andan tıʃkarı, ...
por isso ...	ошондуктан ...	oʃonduktan ...
apesar de ...	... карабастан	... karabastan

Português	Quirguiz (cirílico)	Quirguiz (pronúncia)
graças a ...	... күчү менен	... kytʃy menen
que (pron.)	эмне	emne
que (conj.)	эмне	emne
algo	бир нерсе	bir nerse
alguma coisa	бир нерсе	bir nerse
nada	эч нерсе	etʃ nerse
quem	ким	kim
alguém (~ teve uma ideia ...)	кимдир бирөө	kimdir birøø
alguém	бирөө жарым	birøø dʒarım
ninguém	эч ким	etʃ kim
para lugar nenhum	эч жака	etʃ dʒaka
de ninguém	эч кимдики	etʃ kimdiki
de alguém	бирөөнүкү	birøønyky
tão	эми	emi
também (gostaria ~ de ...)	ошондой эле	oʃondoj ele
também (~ eu)	дагы	dagı

18. Palavras funcionais. Advérbios. Parte 2

Português	Quirguiz (cirílico)	Quirguiz (pronúncia)
Porquê?	Эмнеге?	emnege?
por alguma razão	эмнегедир	emnegedir
porque ...	... себептен	..., sebepten
por qualquer razão	эмне үчүндүр	emne ytʃyndyr
e (tu ~ eu)	жана	dʒana
ou (ser ~ não ser)	же	dʒe
mas (porém)	бирок	birok
para (~ a minha mãe)	үчүн	ytʃyn
demasiado, muito	эте эле	øtø ele
só, somente	азыр эле	azır ele
exatamente	так	tak
cerca de (~ 10 kg)	болжол менен	boldʒol menen
aproximadamente	болжол менен	boldʒol menen
aproximado	болжолдуу	boldʒolduu
quase	дээрлик	deerlik
resto (m)	калганы	kalganı
o outro (segundo)	башка	baʃka
outro	башка бөлөк	baʃka bøløk
cada	ар бири	ar biri
qualquer	баардык	baardık
muito	көп	køp
muitas pessoas	көбү	køby
todos	баары	baarı
em troca de ...	... алмашуу	... almaʃuu
em troca	ордуна	orduna
à mão	колго	kolgo
pouco provável	ишенүүгө болбойт	iʃenyygø bolbojt

provavelmente	балким	balkim
de propósito	атайын	atajın
por acidente	кокустан	kokustan
muito	аябай	ajabaj
por exemplo	мисалы	misalı
entre	ортосунда	ortosunda
entre (no meio de)	арасында	arasında
tanto	ошончо	oʃontʃo
especialmente	өзгөчө	øzgøtʃø

Conceitos básicos. Parte 2

19. Dias da semana

segunda-feira (f)	дүйшөмбү	dyjʃømby
terça-feira (f)	шейшемби	ʃejʃembi
quarta-feira (f)	шаршемби	ʃarʃembi
quinta-feira (f)	бейшемби	bejʃembi
sexta-feira (f)	жума	dʒuma
sábado (m)	ишенби	iʃenbi
domingo (m)	жекшемби	dʒekʃembi
hoje	бүгүн	bygyn
amanhã	эртең	erteŋ
depois de amanhã	бирсүгүнү	birsygyny
ontem	кечээ	ketʃee
anteontem	мурда күнү	murda kyny
dia (m)	күн	kyn
dia (m) de trabalho	иш күнү	iʃ kyny
feriado (m)	майрам күнү	majram kyny
dia (m) de folga	дем алыш күн	dem alıʃ kyn
fim (m) de semana	дем алыш күндөр	dem alıʃ kyndør
o dia todo	күнү бою	kyny bojʉ
no dia seguinte	кийинки күнү	kijinki kyny
há dois dias	эки күн мурун	eki kyn murun
na véspera	жакында	dʒakında
diário	күндө	kyndø
todos os dias	күн сайын	kyn sajın
semana (f)	жума	dʒuma
na semana passada	өткөн жумада	øtkøn dʒumada
na próxima semana	келаткан жумада	kelatkan dʒumada
semanal	жума сайын	dʒuma sajın
cada semana	жума сайын	dʒuma sajın
duas vezes por semana	жумасына эки жолу	dʒumasına eki dʒolu
cada terça-feira	ар шейшемби	ar ʃejʃembi

20. Horas. Dia e noite

manhã (f)	таң	taŋ
de manhã	эртең менен	erteŋ menen
meio-dia (m)	жарым күн	dʒarım kyn
à tarde	түштөн кийин	tyʃtøn kijin
noite (f)	кеч	ketʃ
à noite (noitinha)	кечинде	ketʃinde

noite (f)	түн	tyn
à noite	түндө	tyndø
meia-noite (f)	жарым түн	dʒarım tyn
segundo (m)	секунда	sekunda
minuto (m)	мүнөт	mynøt
hora (f)	саат	saat
meia hora (f)	жарым саат	dʒarım saat
quarto (m) de hora	чейрек саат	tʃejrek saat
quinze minutos	он беш мүнөт	on beʃ mynøt
vinte e quatro horas	сутка	sutka
nascer (m) do sol	күндүн чыгышы	kyndyn tʃıgıʃı
amanhecer (m)	таң агаруу	taŋ agaruu
madrugada (f)	таң эрте	taŋ erte
pôr do sol (m)	күн батуу	kyn batuu
de madrugada	таң эрте	taŋ erte
hoje de manhã	бүгүн эртең менен	bygyn erteŋ menen
amanhã de manhã	эртең эртең менен	erteŋ erteŋ menen
hoje à tarde	күндүзү	kyndyzy
à tarde	түштөн кийин	tyʃtøn kijin
amanhã à tarde	эртең түштөн кийин	erteŋ tyʃtøn kijin
hoje à noite	бүгүн кечинде	bygyn ketʃinde
amanhã à noite	эртең кечинде	erteŋ ketʃinde
às três horas em ponto	туура саат үчтө	tuura saat ytʃtø
por volta das quatro	болжол менен төрт саат	boldʒol menen tørt saat
às doze	саат он экиде	saat on ekide
dentro de vinte minutos	жыйырма мүнөттөн кийин	dʒıjırma mynøttøn kijin
dentro duma hora	бир сааттан кийин	bir saattan kijin
a tempo	өз убагында	øz ubagında
menos um quarto	… он беш мүнөт калды	… on beʃ mynøt kaldı
durante uma hora	бир сааттын ичинде	bir saattın itʃinde
a cada quinze minutos	он беш мүнөт сайын	on beʃ mynøt sajın
as vinte e quatro horas	бир сутка бою	bir sutka bojʉ

21. Meses. Estações

janeiro (m)	январь	janvarʲ
fevereiro (m)	февраль	fevralʲ
março (m)	март	mart
abril (m)	апрель	aprelʲ
maio (m)	май	maj
junho (m)	июнь	ijunʲ
julho (m)	июль	ijulʲ
agosto (m)	август	avgust
setembro (m)	сентябрь	sentʲabrʲ
outubro (m)	октябрь	oktʲabrʲ

novembro (m)	ноябрь	nojabrʲ
dezembro (m)	декабрь	dekabrʲ
primavera (f)	жаз	dʒaz
na primavera	жазында	dʒazında
primaveril	жазгы	dʒazgı
verão (m)	жай	dʒaj
no verão	жайында	dʒajında
de verão	жайкы	dʒajkı
outono (m)	күз	kyz
no outono	күзүндө	kyzyndø
outonal	күздүк	kyzdyk
inverno (m)	кыш	kɪʃ
no inverno	кышында	kɪʃında
de inverno	кышкы	kɪʃkı
mês (m)	ай	aj
este mês	ушул айда	uʃul ajda
no próximo mês	кийинки айда	kijinki ajda
no mês passado	өткөн айда	øtkøn ajda
há um mês	бир ай мурун	bir aj murun
dentro de um mês	бир айдан кийин	bir ajdan kijin
dentro de dois meses	эки айдан кийин	eki ajdan kijin
todo o mês	ай бою	aj bojʉ
um mês inteiro	толук бир ай	toluk bir aj
mensal	ай сайын	aj sajın
mensalmente	ай сайын	aj sajın
cada mês	ар бир айда	ar bir ajda
duas vezes por mês	айына эки жолу	ajına eki dʒolu
ano (m)	жыл	dʒıl
este ano	бул жылы	bul dʒılı
no próximo ano	келаткан жылы	kelatkan dʒılı
no ano passado	өткөн жылы	øtkøn dʒılı
há um ano	бир жыл мурун	bir dʒıl murun
dentro dum ano	бир жылдан кийин	bir dʒıldan kijin
dentro de 2 anos	эки жылдан кийин	eki dʒıldan kijin
todo o ano	жыл бою	dʒıl bodʒʉ
um ano inteiro	толук бир жыл	toluk bir dʒıl
cada ano	ар жыл сайын	ar dʒıl sajın
anual	жыл сайын	dʒıl sajın
anualmente	жыл сайын	dʒıl sajın
quatro vezes por ano	жылына төрт жолу	dʒılına tørt dʒolu
data (~ de hoje)	число	tʃislo
data (ex. ~ de nascimento)	күн	kyn
calendário (m)	календарь	kalendarʲ
meio ano	жарым жыл	dʒarım dʒıl
seis meses	жарым чейрек	dʒarım tʃejrek

| estação (f) | мезгил | mezgil |
| século (m) | кылым | kılım |

22. Unidades de medida

peso (m)	салмак	salmak
comprimento (m)	узундук	uzunduk
largura (f)	жазылык	dʒazılık
altura (f)	бийиктик	bijiktik
profundidade (f)	тереңдик	tereŋdik
volume (m)	көлөм	køløm
área (f)	аянт	ajant

grama (m)	грамм	gramm
miligrama (m)	миллиграмм	milligramm
quilograma (m)	килограмм	kilogramm
tonelada (f)	тонна	tonna
libra (453,6 gramas)	фунт	funt
onça (f)	унция	untsija

metro (m)	метр	metr
milímetro (m)	миллиметр	millimetr
centímetro (m)	сантиметр	santimetr
quilómetro (m)	километр	kilometr
milha (f)	миля	milʲa

polegada (f)	дюйм	dujm
pé (304,74 mm)	фут	fut
jarda (914,383 mm)	ярд	jard

| metro (m) quadrado | квадраттык метр | kvadrattık metr |
| hectare (m) | гектар | gektar |

litro (m)	литр	litr
grau (m)	градус	gradus
volt (m)	вольт	volʲt
ampere (m)	ампер	amper
cavalo-vapor (m)	ат күчү	at kytʃy

quantidade (f)	саны	sanı
um pouco de ...	... бир аз	... bir az
metade (f)	жарым	dʒarım

| dúzia (f) | он эки даана | on eki daana |
| peça (f) | даана | daana |

| dimensão (f) | чоңдук | tʃoŋduk |
| escala (f) | өлчөмчөн | øltʃømtʃen |

mínimo	минималдуу	minimalduu
menor, mais pequeno	эң кичинекей	eŋ kitʃinekej
médio	орточо	ortotʃo
máximo	максималдуу	maksimalduu
maior, mais grande	эң чоң	eŋ tʃoŋ

23. Recipientes

boião (m) de vidro	банка	banka
lata (~ de cerveja)	банка	banka
balde (m)	чака	tʃaka
barril (m)	бочка	botʃka
bacia (~ de plástico)	дагара	dagara
tanque (m)	бак	bak
cantil (m) de bolso	фляжка	flʲadʒka
bidão (m) de gasolina	канистра	kanistra
cisterna (f)	цистерна	tsısterna
caneca (f)	кружка	krudʒka
chávena (f)	чөйчөк	tʃøjtʃøk
pires (m)	табак	tabak
copo (m)	ыстакан	ıstakan
taça (f) de vinho	бокал	bokal
panela, caçarola (f)	мискей	miskej
garrafa (f)	бөтөлкө	bøtølkø
gargalo (m)	оозу	oozu
jarro, garrafa (f)	графин	grafin
jarro (m) de barro	кумура	kumura
recipiente (m)	идиш	idiʃ
pote (m)	карапа	karapa
vaso (m)	ваза	vaza
frasco (~ de perfume)	флакон	flakon
frasquinho (ex. ~ de iodo)	кичине бөтөлкө	kitʃine bøtølkø
tubo (~ de pasta dentífrica)	тюбик	tʉbik
saca (ex. ~ de açúcar)	кап	kap
saco (~ de plástico)	пакет	paket
maço (m)	пачке	patʃke
caixa (~ de sapatos, etc.)	куту	kutu
caixa (~ de madeira)	үкөк	ykøk
cesta (f)	себет	sebet

O SER HUMANO

O ser humano. O corpo

24. Cabeça

cabeça (f)	баш	baʃ
cara (f)	бет	bet
nariz (m)	мурун	murun
boca (f)	ооз	ooz
olho (m)	көз	køz
olhos (m pl)	көздөр	køzdør
pupila (f)	карек	karek
sobrancelha (f)	каш	kaʃ
pestana (f)	кирпик	kirpik
pálpebra (f)	кабак	kabak
língua (f)	тил	til
dente (m)	тиш	tiʃ
lábios (m pl)	эриндер	erinder
maçãs (f pl) do rosto	бет сөөгү	bet søøgy
gengiva (f)	тиш эти	tiʃ eti
palato (m)	таңдай	taŋdaj
narinas (f pl)	мурун тешиги	murun teʃigi
queixo (m)	ээк	eek
mandíbula (f)	жаак	dʒaak
bochecha (f)	бет	bet
testa (f)	чеке	tʃeke
têmpora (f)	чыкый	tʃɪkɪj
orelha (f)	кулак	kulak
nuca (f)	желке	dʒelke
pescoço (m)	мойн	mojʉn
garganta (f)	тамак	tamak
cabelos (m pl)	чач	tʃatʃ
penteado (m)	чач жасоо	tʃatʃ dʒasoo
corte (m) de cabelo	чач кыркуу	tʃatʃ kɪrkuu
peruca (f)	парик	parik
bigode (m)	мурут	murut
barba (f)	сакал	sakal
usar, ter (~ barba, etc.)	мурут коюу	murut kojʉu
trança (f)	өрүм чач	ørym tʃatʃ
suíças (f pl)	бакенбарда	bakenbarda
ruivo	сары	sarı
grisalho	ак чачтуу	ak tʃatʃtuu

calvo	таз	taz
calva (f)	кашка	kaʃka
rabo-de-cavalo (m)	куйрук	kujruk
franja (f)	көкүл	køkyl

25. Corpo humano

mão (f)	беш манжа	beʃ mandʒa
braço (m)	кол	kol

dedo (m)	манжа	mandʒa
dedo (m) do pé	манжа	mandʒa
polegar (m)	бармак	barmak
dedo (m) mindinho	чыпалак	tʃıpalak
unha (f)	тырмак	tırmak

punho (m)	муштум	muʃtum
palma (f) da mão	алакан	alakan
pulso (m)	билек	bilek
antebraço (m)	каруу	karuu
cotovelo (m)	чыканак	tʃıkanak
ombro (m)	ийин	ijin

perna (f)	бут	but
pé (m)	таман	taman
joelho (m)	тизе	tize
barriga (f) da perna	балтыр	baltır
anca (f)	сан	san
calcanhar (m)	согончок	sogontʃok

corpo (m)	дене	dene
barriga (f)	курсак	kursak
peito (m)	төш	tøʃ
seio (m)	эмчек	emtʃek
lado (m)	каптал	kaptal
costas (f pl)	арка жон	arka dʒon
região (f) lombar	бел	bel
cintura (f)	бел	bel

umbigo (m)	киндик	kindik
nádegas (f pl)	жамбаш	dʒambaʃ
traseiro (m)	көчүк	køtʃyk

sinal (m)	мең	meŋ
sinal (m) de nascença	кал	kal
tatuagem (f)	татуировка	tatuirovka
cicatriz (f)	тырык	tırık

Vestuário & Acessórios

26. Roupa exterior. Casacos

roupa (f)	кийим	kijim
roupa (f) exterior	устунку кийим	ystyŋky kijim
roupa (f) de inverno	кышкы кийим	kıʃkı kijim
sobretudo (m)	пальто	palʲto
casaco (m) de peles	тон	ton
casaco curto (m) de peles	чолок тон	ʧolok ton
casaco (m) acolchoado	мамык олпок	mamık olpok
casaco, blusão (m)	курмө	kyrmø
impermeável (m)	плащ	plaʃʧ
impermeável	суу өткүс	suu øtkys

27. Vestuário de homem & mulher

camisa (f)	көйнөк	køjnøk
calças (f pl)	шым	ʃım
calças (f pl) de ganga	джинсы	ʤinsı
casaco (m) de fato	бешмант	beʃmant
fato (m)	костюм	kostʉm
vestido (ex. ~ vermelho)	көйнөк	køjnøk
saia (f)	юбка	jʉbka
blusa (f)	блузка	bluzka
casaco (m) de malha	кофта	kofta
casaco, blazer (m)	кыска бешмант	kıska beʃmant
T-shirt, camiseta (f)	футболка	futbolka
calções (Bermudas, etc.)	чолок шым	ʧolok ʃım
fato (m) de treino	спорт кийими	sport kijimi
roupão (m) de banho	халат	χalat
pijama (m)	пижама	piʤama
suéter (m)	свитер	sviter
pulôver (m)	пуловер	pulover
colete (m)	жилет	ʤilet
fraque (m)	фрак	frak
smoking (m)	смокинг	smoking
uniforme (m)	форма	forma
roupa (f) de trabalho	жумуш кийим	ʤumuʃ kijim
fato-macaco (m)	комбинезон	kombinezon
bata (~ branca, etc.)	халат	χalat

28. Vestuário. Roupa interior

roupa (f) interior	ич кийим	itʃ kijim
cuecas boxer (f pl)	эркектер чолок дамбалы	erkekter tʃolok dambalı
cuecas (f pl)	аялдар трусиги	ajaldar trusigi
camisola (f) interior	майка	majka
peúgas (f pl)	байпак	bajpak
camisa (f) de noite	жатаарда кийүүчү көйнөк	dʒataarda kijyytʃy køjnøk
sutiã (m)	бюстгальтер	bʉstgalʲter
meias longas (f pl)	гольфы	golʲfı
meia-calça (f)	колготки	kolgotki
meias (f pl)	байпак	bajpak
fato (m) de banho	купальник	kupalʲnik

29. Adereços de cabeça

chapéu (m)	топу	topu
chapéu (m) de feltro	шляпа	ʃlʲapa
boné (m) de beisebol	бейсболка	bejsbolka
boné (m)	кепка	kepka
boina (f)	берет	beret
capuz (m)	капюшон	kapʉʃon
panamá (m)	панамка	panamka
gorro (m) de malha	токулган шапка	tokulgan ʃapka
lenço (m)	жоолук	dʒooluk
chapéu (m) de mulher	шляпа	ʃlʲapa
capacete (m) de proteção	каска	kaska
bibico (m)	пилотка	pilotka
capacete (m)	шлем	ʃlem
chapéu-coco (m)	котелок	kotelok
chapéu (m) alto	цилиндр	tsılindr

30. Calçado

calçado (m)	бут кийим	but kijim
botinas (f pl)	ботинка	botinka
sapatos (de salto alto, etc.)	туфли	tufli
botas (f pl)	өтүк	øtyk
pantufas (f pl)	тапочка	tapotʃka
ténis (m pl)	кроссовка	krossovka
sapatilhas (f pl)	кеды	kedı
sandálias (f pl)	сандалии	sandalii
sapateiro (m)	өтүкчү	øtyktʃy
salto (m)	така	taka

par (m)	түгөй	tygøj
atacador (m)	боо	boo
apertar os atacadores	боолоо	booloo
calçadeira (f)	кашык	kaʃık
graxa (f) para calçado	өтүк май	øtyk maj

31. Acessórios pessoais

luvas (f pl)	колкап	kolkap
mitenes (f pl)	мээлей	meelej
cachecol (m)	моюн орогуч	mojun oroguʧ

óculos (m pl)	көз айнек	køz ajnek
armação (f) de óculos	алкак	alkak
guarda-chuva (m)	чатырча	ʧatırʧa
bengala (f)	аса таяк	asa tajak
escova (f) para o cabelo	тарак	tarak
leque (m)	желпингич	dʒelpingiʧ

gravata (f)	галстук	galstuk
gravata-borboleta (f)	галстук-бабочка	galstuk-babotʃka
suspensórios (m pl)	шым тарткыч	ʃım tartkıʧ
lenço (m)	бетаарчы	betaarʧı

pente (m)	тарак	tarak
travessão (m)	чачсайгы	ʧaʧsajgı
gancho (m) de cabelo	шпилька	ʃpilʲka
fivela (f)	таралга	taralga

| cinto (m) | кайыш кур | kajıʃ kur |
| correia (f) | илгич | ilgiʧ |

mala (f)	колбаштык	kolbaʃtık
mala (f) de senhora	кичине колбаштык	kiʧine kolbaʃtık
mochila (f)	жонбаштык	dʒonbaʃtık

32. Vestuário. Diversos

moda (f)	мода	moda
na moda	саркеч	sarkeʧ
estilista (m)	модельер	modeljer

colarinho (m), gola (f)	жака	dʒaka
bolso (m)	чөнтөк	ʧøntøk
de bolso	чөнтөк	ʧøntøk
manga (f)	жең	dʒeŋ
alcinha (f)	илгич	ilgiʧ
braguilha (f)	ширинка	ʃirinka

fecho (m) de correr	молния	molnija
fecho (m), colchete (m)	топчулук	topʧuluk
botão (m)	топчу	topʧu

casa (f) de botão	илмек	ilmek
soltar-se (vr)	үзүлүү	yzylyy
coser, costurar (vi)	тигүү	tigyy
bordar (vt)	сайма саюу	sajma sajuu
bordado (m)	сайма	sajma
agulha (f)	ийне	ijne
fio (m)	жип	dʒip
costura (f)	тигиш	tigiʃ
sujar-se (vr)	булгап алуу	bulgap aluu
mancha (f)	так	tak
engelhar-se (vr)	бырышып калуу	bırıʃıp kaluu
rasgar (vt)	айрылуу	ajrıluu
traça (f)	күбө	kybø

33. Cuidados pessoais. Cosméticos

pasta (f) de dentes	тиш пастасы	tiʃ pastası
escova (f) de dentes	тиш щёткасы	tiʃ ʃtʃ'otkası
escovar os dentes	тиш жуу	tiʃ dʒuu
máquina (f) de barbear	устара	ustara
creme (m) de barbear	кырынуу үчүн көбүк	kırınuu ytʃyn købyk
barbear-se (vr)	кырынуу	kırınuu
sabonete (m)	самын	samın
champô (m)	шампунь	ʃampunʲ
tesoura (f)	кайчы	kajtʃı
lima (f) de unhas	тырмак өгөө	tırmak øgøø
corta-unhas (m)	тырмак кычкачы	tırmak kıtʃkatʃı
pinça (f)	искек	iskek
cosméticos (m pl)	упа-эндик	upa-endik
máscara (f) facial	маска	maska
manicura (f)	маникюр	manikʉr
fazer a manicura	маникюр жасоо	manikdʒʉr dʒasoo
pedicure (f)	педикюр	pedikʉr
mala (f) de maquilhagem	косметичка	kosmetitʃka
pó (m)	упа	upa
caixa (f) de pó	упа кутусу	upa kutusu
blush (m)	эндик	endik
perfume (m)	атыр	atır
água (f) de toilette	туалет атыр суусу	tualet atır suusu
loção (f)	лосьон	losʲon
água-de-colónia (f)	одеколон	odekolon
sombra (f) de olhos	көз боёгу	køz bojogu
lápis (m) delineador	көз карандашы	køz karandaʃı
máscara (f), rímel (m)	кирпик үчүн боек	kirpik ytʃyn boek
batom (m)	эрин помадасы	erin pomadası

verniz (m) de unhas	тырмак үчүн лак	tırmak ytʃyn lak
laca (f) para cabelos	чач үчүн лак	tʃatʃ ytʃyn lak
desodorizante (m)	дезодорант	dezodorant

creme (m)	крем	krem
creme (m) de rosto	бетмай	betmaj
creme (m) de mãos	кол үчүн май	kol ytʃyn maj
creme (m) antirrugas	бырыштарга каршы бет май	bırıʃtarga karʃı bet maj

creme (m) de dia	күндүзгү бет май	kyndyzgy bet maj
creme (m) de noite	түнкү бет май	tynky bet maj
de dia	күндүзгү	kyndyzgy
da noite	түнкү	tynky

tampão (m)	тампон	tampon
papel (m) higiénico	даарат кагазы	daarat kagazı
secador (m) elétrico	фен	fen

34. Relógios de pulso. Relógios

relógio (m) de pulso	кол саат	kol saat
mostrador (m)	циферблат	tsıferblat
ponteiro (m)	жебе	dʒebe
bracelete (f) em aço	браслет	braslet
bracelete (f) em couro	кайыш кур	kajıʃ kur

pilha (f)	батарейка	batarejka
descarregar-se	зарядканын түгөнүүсү	zarʲadkanın tygønyysy
trocar a pilha	батарейка алмаштыруу	batarejka almaʃtıruu
estar adiantado	алдыга кетүү	aldıga ketyy
estar atrasado	калуу	kaluu

relógio (m) de parede	дубалга тагуучу саат	dubalga taguutʃu saat
ampulheta (f)	кум саат	kum saat
relógio (m) de sol	күн саат	kyn saat
despertador (m)	ойготкуч саат	ojgotkutʃ saat
relojoeiro (m)	саат устасы	saat ustası
reparar (vt)	оңдоо	oŋdoo

Alimentação. Nutrição

35. Comida

carne (f)	эт	et
galinha (f)	тоок	took
frango (m)	балапан	balapan
pato (m)	өрдөк	ørdøk
ganso (m)	каз	kaz
caça (f)	илбээсин	ilbeesin
peru (m)	күрп	kyrp

carne (f) de porco	чочко эти	tʃotʃko eti
carne (f) de vitela	торпок эти	torpok eti
carne (f) de carneiro	кой эти	koj eti
carne (f) de vaca	уй эти	uj eti
carne (f) de coelho	коен	koen

chouriço, salsichão (m)	колбаса	kolbasa
salsicha (f)	сосиска	sosiska
bacon (m)	бекон	bekon
fiambre (f)	ветчина	vettʃina
presunto (m)	сан эт	san et

patê (m)	паштет	paʃtet
fígado (m)	боор	boor
carne (f) moída	фарш	farʃ
língua (f)	тил	til

ovo (m)	жумуртка	dʒumurtka
ovos (m pl)	жумурткалар	dʒumurtkalar
clara (f) do ovo	жумуртканын агы	dʒumurtkanın agı
gema (f) do ovo	жумуртканын сарысы	dʒumurtkanın sarısı

peixe (m)	балык	balık
mariscos (m pl)	дениз азыктары	deŋiz azıktarı
crustáceos (m pl)	рак сыяктуулар	rak sıjaktuular
caviar (m)	урук	uruk

caranguejo (m)	краб	krab
camarão (m)	креветка	krevetka
ostra (f)	устрица	ustritsa
lagosta (f)	лангуст	langust
polvo (m)	сегиз бут	segiz but
lula (f)	кальмар	kalʲmar

esturjão (m)	осетрина	osetrina
salmão (m)	лосось	lososʲ
halibute (m)	палтус	paltus
bacalhau (m)	треска	treska

cavala, sarda (f)	скумбрия	skumbrija
atum (m)	тунец	tunets
enguia (f)	угорь	ugorʲ
truta (f)	форель	forelʲ
sardinha (f)	сардина	sardina
lúcio (m)	чортон	tʃorton
arenque (m)	сельдь	selʲdʲ
pão (m)	нан	nan
queijo (m)	сыр	sır
açúcar (m)	кум шекер	kum-ʃeker
sal (m)	туз	tuz
arroz (m)	күрүч	kyrytʃ
massas (f pl)	макарон	makaron
talharim (m)	кесме	kesme
manteiga (f)	ак май	ak maj
óleo (m) vegetal	өсүмдүк майы	øsymdyk majı
óleo (m) de girassol	күн карама майы	kyn karama majı
margarina (f)	маргарин	margarin
azeitonas (f pl)	зайтун	zajtun
azeite (m)	зайтун майы	zajtun majı
leite (m)	сүт	syt
leite (m) condensado	коютулган сүт	kojutulgan syt
iogurte (m)	йогурт	jogurt
nata (f) azeda	сметана	smetana
nata (f) do leite	каймак	kajmak
maionese (f)	майонез	majonez
creme (m)	крем	krem
grãos (m pl) de cereais	акшак	akʃak
farinha (f)	ун	un
enlatados (m pl)	консерва	konserva
flocos (m pl) de milho	жарылган жүгөрү	dʒarılgan dʒygøry
mel (m)	бал	bal
doce (m)	джем, конфитюр	dʒem, konfitur
pastilha (f) elástica	сагыз	sagız

36. Bebidas

água (f)	суу	suu
água (f) potável	ичүүчү суу	itʃyytʃy suu
água (f) mineral	минерал суусу	mineral suusu
sem gás	газсыз	gazsız
gaseificada	газдалган	gazdalgan
com gás	газы менен	gazı menen
gelo (m)	муз	muz

com gelo	музу менен	muzu menen
sem álcool	алкоголсуз	alkogolsuz
bebida (f) sem álcool	алкоголсуз ичимдик	alkogolsuz itʃimdik
refresco (m)	суусундук	suusunduk
limonada (f)	лимонад	limonad
bebidas (f pl) alcoólicas	спирт ичимдиктери	spirt itʃimdikteri
vinho (m)	шарап	ʃarap
vinho (m) branco	ак шарап	ak ʃarap
vinho (m) tinto	кызыл шарап	kızıl ʃarap
licor (m)	ликёр	likʲor
champanhe (m)	шампан	ʃampan
vermute (m)	вермут	vermut
uísque (m)	виски	viski
vodka (f)	арак	arak
gim (m)	джин	dʒin
conhaque (m)	коньяк	konjak
rum (m)	ром	rom
café (m)	кофе	kofe
café (m) puro	кара кофе	kara kofe
café (m) com leite	сүттөлгөн кофе	syttølgøn kofe
cappuccino (m)	капучино	kaputʃino
café (m) solúvel	эрүүчү кофе	eryytʃy kofe
leite (m)	сүт	syt
coquetel (m)	коктейль	koktejlʲ
batido (m) de leite	сүт коктейли	syt koktejli
sumo (m)	шире	ʃire
sumo (m) de tomate	томат ширеси	tomat ʃiresi
sumo (m) de laranja	апельсин ширеси	apelʲsin ʃiresi
sumo (m) fresco	түз сыгылып алынган шире	tyz sıgılıp alıngan ʃire
cerveja (f)	сыра	sıra
cerveja (f) clara	ачык сыра	atʃık sıra
cerveja (f) preta	коңур сыра	koŋur sıra
chá (m)	чай	tʃaj
chá (m) preto	кара чай	kara tʃaj
chá (m) verde	жашыл чай	dʒaʃıl tʃaj

37. Vegetais

legumes (m pl)	жашылча	dʒaʃıltʃa
verduras (f pl)	көк чөп	køk tʃøp
tomate (m)	помидор	pomidor
pepino (m)	бадыраң	badıraŋ
cenoura (f)	сабиз	sabiz
batata (f)	картошка	kartoʃka

cebola (f)	пияз	pijaz
alho (m)	сарымсак	sarımsak
couve (f)	капуста	kapusta
couve-flor (f)	гүлдүү капуста	gyldyy kapusta
couve-de-bruxelas (f)	брюссель капустасы	brʉsselʲ kapustası
brócolos (m pl)	брокколи капустасы	brokkoli kapustası
beterraba (f)	кызылча	kızıltʃa
beringela (f)	баклажан	baklaʤan
curgete (f)	кабачок	kabatʃok
abóbora (f)	ашкабак	aʃkabak
nabo (m)	шалгам	ʃalgam
salsa (f)	петрушка	petruʃka
funcho, endro (m)	укроп	ukrop
alface (f)	салат	salat
aipo (m)	сельдерей	selʲderej
espargo (m)	спаржа	spardʒa
espinafre (m)	шпинат	ʃpinat
ervilha (f)	нокот	nokot
fava (f)	буурчак	buurtʃak
milho (m)	жүгөрү	ʤygøry
feijão (m)	төө буурчак	tøø buurtʃak
pimentão (m)	таттуу перец	tattuu perets
rabanete (m)	шалгам	ʃalgam
alcachofra (f)	артишок	artiʃok

38. Frutos. Nozes

fruta (f)	мөмө	mømø
maçã (f)	алма	alma
pera (f)	алмурут	almurut
limão (m)	лимон	limon
laranja (f)	апельсин	apelʲsin
morango (m)	кулпунай	kulpunaj
tangerina (f)	мандарин	mandarin
ameixa (f)	кара өрүк	kara øryk
pêssego (m)	шабдаалы	ʃabdaalı
damasco (m)	өрүк	øryk
framboesa (f)	дан куурай	dan kuuraj
ananás (m)	ананас	ananas
banana (f)	банан	banan
melancia (f)	арбуз	arbuz
uva (f)	жүзүм	ʤyzym
ginja (f)	алча	altʃa
cereja (f)	гилас	gilas
meloa (f)	коон	koon
toranja (f)	грейпфрут	grejpfrut
abacate (m)	авокадо	avokado

papaia (f)	папайя	papaja
manga (f)	манго	mango
romã (f)	анар	anar
groselha (f) vermelha	кызыл карагат	kızıl karagat
groselha (f) preta	кара карагат	kara karagat
groselha (f) espinhosa	крыжовник	krıdʒovnik
mirtilo (m)	кара моюл	kara mojʉl
amora silvestre (f)	кара бүлдүркөн	kara byldyrkøn
uvas (f pl) passas	мейиз	mejiz
figo (m)	анжир	andʒir
tâmara (f)	курма	kurma
amendoim (m)	арахис	araχis
amêndoa (f)	бадам	badam
noz (f)	жаңгак	dʒaŋgak
avelã (f)	токой жаңгагы	tokoj dʒaŋgagı
coco (m)	кокос жаңгагы	kokos dʒaŋgagı
pistáchios (m pl)	мисте	miste

39. Pão. Bolaria

pastelaria (f)	кондитер азыктары	konditer azıktarı
pão (m)	нан	nan
bolacha (f)	печенье	petʃenje
chocolate (m)	шоколад	ʃokolad
de chocolate	шоколаддан	ʃokoladdan
rebuçado (m)	конфета	konfeta
bolo (cupcake, etc.)	пирожное	pirodʒnoe
bolo (m) de aniversário	торт	tort
tarte (~ de maçã)	пирог	pirog
recheio (m)	начинка	natʃinka
doce (m)	кыям	kıjam
geleia (f) de frutas	мармелад	marmelad
waffle (m)	вафли	vafli
gelado (m)	бал муздак	bal muzdak
pudim (m)	пудинг	puding

40. Pratos cozinhados

prato (m)	тамак	tamak
cozinha (~ portuguesa)	даам	daam
receita (f)	тамак жасоо ыкмасы	tamak dʒasoo ıkması
porção (f)	порция	portsija
salada (f)	салат	salat
sopa (f)	сорпо	sorpo
caldo (m)	ынак сорпо	ınak sorpo

sandes (f)	бутерброд	buterbrod
ovos (m pl) estrelados	куурулган жумуртка	kuurulgan dʒumurtka
hambúrguer (m)	гамбургер	gamburger
bife (m)	бифштекс	bifʃteks
conduto (m)	гарнир	garnir
espaguete (m)	спагетти	spagetti
puré (m) de batata	эзилген картошка	ezilgen kartoʃka
pizza (f)	пицца	pitsa
papa (f)	ботко	botko
omelete (f)	омлет	omlet
cozido em água	сууга бышырылган	suuga bıʃırılgan
fumado	ышталган	ıʃtalgan
frito	куурулган	kuurulgan
seco	кургатылган	kurgatılgan
congelado	тоңдурулган	toŋdurulgan
em conserva	маринаддагы	marinaddagı
doce (açucarado)	таттуу	tattuu
salgado	туздуу	tuzduu
frio	муздак	muzdak
quente	ысык	ısık
amargo	ачуу	atʃuu
gostoso	даамдуу	daamduu
cozinhar (em água a ferver)	кайнатуу	kajnatuu
fazer, preparar (vt)	тамак бышыруу	tamak bıʃıruu
fritar (vt)	кууруу	kuuruu
aquecer (vt)	жылытуу	dʒılıtuu
salgar (vt)	туздоо	tuzdoo
apimentar (vt)	калемпир кошуу	kalempir koʃuu
ralar (vt)	сүргүлөө	syrgyløø
casca (f)	сырты	sırtı
descascar (vt)	тазалоо	tazaloo

41. Especiarias

sal (m)	туз	tuz
salgado	туздуу	tuzduu
salgar (vt)	туздоо	tuzdoo
pimenta (f) preta	кара мурч	kara murtʃ
pimenta (f) vermelha	кызыл калемпир	kızıl kalempir
mostarda (f)	горчица	gortʃitsa
raiz-forte (f)	хрен	xren
condimento (m)	татымал	tatımal
especiaria (f)	татымал	tatımal
molho (m)	соус	sous
vinagre (m)	уксус	uksus
anis (m)	анис	anis

manjericão (m)	райхон	rajxon
cravo (m)	гвоздика	gvozdika
gengibre (m)	имбирь	imbirj
coentro (m)	кориандр	koriandr
canela (f)	корица	koritsa
sésamo (m)	кунжут	kundʒut
folhas (f pl) de louro	лавр жалбырагы	lavr dʒalbıragı
páprica (f)	паприка	paprika
cominho (m)	зира	zira
açafrão (m)	заапаран	zaaparan

42. Refeições

comida (f)	тамак	tamak
comer (vt)	тамактануу	tamaktanuu
pequeno-almoço (m)	таңкы тамак	taŋkı tamak
tomar o pequeno-almoço	эртең менен тамактануу	erteŋ menen tamaktanuu
almoço (m)	түшкү тамак	tyʃky tamak
almoçar (vi)	түштөнүү	tyʃtønyy
jantar (m)	кечки тамак	ketʃki tamak
jantar (vi)	кечки тамакты ичүү	ketʃki tamaktı itʃyy
apetite (m)	табит	tabit
Bom apetite!	Тамагыңыз таттуу болсун!	tamagıŋız tattuu bolsun!
abrir (~ uma lata, etc.)	ачуу	atʃuu
derramar (vt)	төгүп алуу	tøgyp aluu
derramar-se (vr)	төгүлүү	tøgylyy
ferver (vi)	кайноо	kajnoo
ferver (vt)	кайнатуу	kajnatuu
fervido	кайнатылган	kajnatılgan
arrefecer (vt)	суутуу	suutuu
arrefecer-se (vr)	сууп туруу	suup turuu
sabor, gosto (m)	даам	daam
gostinho (m)	даамдануу	daamdanuu
fazer dieta	арыктоо	arıktoo
dieta (f)	мүнөз тамак	mynøz tamak
vitamina (f)	витамин	vitamin
caloria (f)	калория	kalorija
vegetariano (m)	эттен чанган	etten tʃangan
vegetariano	этсиз даярдалган	etsiz dajardalgan
gorduras (f pl)	майлар	majlar
proteínas (f pl)	белоктор	beloktor
carboidratos (m pl)	көмүрсуулар	kømyrsuular
fatia (~ de limão, etc.)	кесим	kesim
pedaço (~ de bolo)	бөлүк	bølyk
migalha (f)	күкүм	kykym

43. Por a mesa

colher (f)	кашык	kaʃık
faca (f)	бычак	bıtʃak
garfo (m)	вилка	vilka
chávena (f)	чөйчөк	tʃøjtʃøk
prato (m)	табак	tabak
pires (m)	табак	tabak
guardanapo (m)	майлык	majlık
palito (m)	тиш чукугуч	tiʃ tʃukugutʃ

44. Restaurante

restaurante (m)	ресторан	restoran
café (m)	кофекана	kofekana
bar (m), cervejaria (f)	бар	bar
salão (m) de chá	чай салону	tʃaj salonu
empregado (m) de mesa	официант	ofitsiant
empregada (f) de mesa	официант кыз	ofitsiant kız
barman (m)	бармен	barmen
ementa (f)	меню	menü
lista (f) de vinhos	шарап картасы	ʃarap kartası
reservar uma mesa	столду камдык буйрутмалоо	stoldu kamdık bujrutmaloo
prato (m)	тамак	tamak
pedir (vt)	буйрутма кылуу	bujrutma kıluu
fazer o pedido	буйрутма берүү	bujrutma beryy
aperitivo (m)	аперитив	aperitiv
entrada (f)	ысылык	ısılık
sobremesa (f)	десерт	desert
conta (f)	эсеп	esep
pagar a conta	эсеп төлөө	esep tøløø
dar o troco	майда акчаны кайтаруу	majda aktʃanı kajtaruu
gorjeta (f)	чайпул	tʃajpul

Família, parentes e amigos

45. Informação pessoal. Formulários

nome (m)	аты	atı
apelido (m)	фамилиясы	familijası
data (f) de nascimento	төрөлгөн күнү	tørølgøn kyny
local (m) de nascimento	туулган жери	tuulgan dʒeri
nacionalidade (f)	улуту	ulutu
lugar (m) de residência	жашаган жери	dʒaʃagan dʒeri
país (m)	өлкө	ølkø
profissão (f)	кесиби	kesibi
sexo (m)	жынысы	dʒınısı
estatura (f)	бою	boju
peso (m)	салмак	salmak

46. Membros da família. Parentes

mãe (f)	эне	ene
pai (m)	ата	ata
filho (m)	уул	uul
filha (f)	кыз	kız
filha (f) mais nova	кичүү кыз	kitʃyy kız
filho (m) mais novo	кичүү уул	kitʃyy uul
filha (f) mais velha	улуу кыз	uluu kız
filho (m) mais velho	улуу уул	uluu uul
irmão (m)	бир тууган	bir tuugan
irmão (m) mais velho	байке	bajke
irmão (m) mais novo	ини	ini
irmã (f)	бир тууган	bir tuugan
irmã (f) mais velha	эже	edʒe
irmã (f) mais nova	синди	siŋdi
primo (m)	атасы же энеси бир тууган	atası dʒe enesi bir tuugan
prima (f)	атасы же энеси бир тууган	atası dʒe enesi bir tuugan
mamã (f)	апа	apa
papá (m)	ата	ata
pais (pl)	ата-эне	ata-ene
criança (f)	бала	bala
crianças (f pl)	балдар	baldar
avó (f)	чоң апа	tʃoŋ apa

avô (m)	чоң ата	tʃoŋ ata
neto (m)	небере бала	nebere bala
neta (f)	небере кыз	nebere kız
netos (pl)	неберелер	nebereler
tio (m)	таяке	tajake
tia (f)	таяже	tajadʒe
sobrinho (m)	ини	ini
sobrinha (f)	жээн	dʒeen
sogra (f)	кайын эне	kajın ene
sogro (m)	кайын ата	kajın ata
genro (m)	күйөө бала	kyjøø bala
madrasta (f)	өгөй эне	øgøj ene
padrasto (m)	өгөй ата	øgøj ata
criança (f) de colo	эмчектеги бала	emtʃektegi bala
bebé (m)	ымыркай	ımırkaj
menino (m)	бөбөк	bøbøk
mulher (f)	аял	ajal
marido (m)	эр	er
esposo (m)	күйөө	kyjøø
esposa (f)	зайып	zajıp
casado	аялы бар	ajalı bar
casada	күйөөдө	kyjøødø
solteiro	бойдок	bojdok
solteirão (m)	бойдок	bojdok
divorciado	ажырашкан	adʒıraʃkan
viúva (f)	жесир	dʒesir
viúvo (m)	жесир	dʒesir
parente (m)	тууган	tuugan
parente (m) próximo	жакын тууган	dʒakın tuugan
parente (m) distante	алыс тууган	alıs tuugan
parentes (m pl)	бир тууган	bir tuugan
órfão (m), órfã (f)	жетим	dʒetim
tutor (m)	камкорчу	kamkortʃu
adotar (um filho)	уул кылып асырап алуу	uul kılıp asırap aluu
adotar (uma filha)	кыз кылып асырап алуу	kız kılıp asırap aluu

Medicina

47. Doenças

doença (f)	оору	ooru
estar doente	ооруу	ooruu
saúde (f)	ден-соолук	den-sooluk

nariz (m) a escorrer	мурдунан суу агуу	murdunan suu aguu
amigdalite (f)	ангина	angina
constipação (f)	суук тийүү	suuk tijyy
constipar-se (vr)	суук тийгизип алуу	suuk tijgizip aluu

bronquite (f)	бронхит	bronχit
pneumonia (f)	кабыргадан сезгенүү	kabırgadan sezgenyy
gripe (f)	сасык тумоо	sasık tumoo

míope	алыстан көрө албоо	alıstan körö alboo
presbita	жакындан көрө албоо	dʒakından körö alboo
estrabismo (m)	кылый көздүүлүк	kılıj közdyylyk
estrábico	кылый көздүүлүк	kılıj közdyylyk
catarata (f)	челкөз	tʃelköz
glaucoma (m)	глаукома	glaukoma

AVC (m), apoplexia (f)	мээге кан куюлуу	meege kan kujuluu
ataque (m) cardíaco	инфаркт	infarkt
enfarte (m) do miocárdio	инфаркт миокарда	infarkt miokarda
paralisia (f)	шал	ʃal
paralisar (vt)	шал болуу	ʃal boluu

alergia (f)	аллергия	allergija
asma (f)	астма	astma
diabetes (f)	диабет	diabet

dor (f) de dentes	тиш оорусу	tiʃ oorusu
cárie (f)	кариес	karies

diarreia (f)	ич өткү	itʃ ötky
prisão (f) de ventre	ич катуу	itʃ katuu
desarranjo (m) intestinal	ич бузулгандык	itʃ buzulgandık
intoxicação (f) alimentar	ууллануу	uulanuu
intoxicar-se	ууллануу	uulanuu

artrite (f)	артрит	artrit
raquitismo (m)	итий	itij
reumatismo (m)	кызыл жүгүрүк	kızıl dʒygyryk
arteriosclerose (f)	атеросклероз	ateroskleroz

gastrite (f)	карын сезгенүүсү	karın sezgenyysu
apendicite (f)	аппендицит	appenditsit

colecistite (f)	холецистит	χoletsistit
úlcera (f)	жара	dʒara
sarampo (m)	кызылча	kızıltʃa
rubéola (f)	кызамык	kızamık
icterícia (f)	сарык	sarık
hepatite (f)	гепатит	gepatit
esquizofrenia (f)	шизофрения	ʃizofrenija
raiva (f)	кутурма	kuturma
neurose (f)	невроз	nevroz
comoção (f) cerebral	мээнин чайкалышы	meenin tʃajkalıʃı
cancro (m)	рак	rak
esclerose (f)	склероз	skleroz
esclerose (f) múltipla	жайылган склероз	dʒajılgan skleroz
alcoolismo (m)	аракечтик	araketʃtik
alcoólico (m)	аракеч	araketʃ
sífilis (f)	котон жара	koton dʒara
SIDA (f)	СПИД	spid
tumor (m)	шишик	ʃiʃik
maligno	залалдуу	zalalduu
benigno	залалсыз	zalalsız
febre (f)	безгек	bezgek
malária (f)	безгек	bezgek
gangrena (f)	кабыз	kabız
enjoo (m)	деңиз оорусу	deŋiz oorusu
epilepsia (f)	талма	talma
epidemia (f)	эпидемия	epidemija
tifo (m)	келте	kelte
tuberculose (f)	кургак учук	kurgak utʃuk
cólera (f)	холера	χolera
peste (f)	кара тумоо	kara tumoo

48. Sintomas. Tratamentos. Parte 1

sintoma (m)	белги	belgi
temperatura (f)	дене табынын көтөрүлүшү	dene tabının kөtөrylyʃy
febre (f)	жогорку температура	dʒogorku temperatura
pulso (m)	тамыр кагышы	tamır kagıʃı
vertigem (f)	баш айлануу	baʃ ajlanuu
quente (testa, etc.)	ысык	ısık
calafrio (m)	чыйрыгуу	tʃijrıguu
pálido	купкуу	kupkuu
tosse (f)	жөтөл	dʒөtөl
tossir (vi)	жөтөлүү	dʒөtөlyy
espirrar (vi)	чүчкүрүү	tʃytʃkyryy

desmaio (m)	эси оо	esi oo
desmaiar (vi)	эси ооп жыгылуу	esi oop dʒıgıluu
nódoa (f) negra	көк-ала	køk-ala
galo (m)	шишик	ʃiʃik
magoar-se (vr)	урунуп алуу	urunup aluu
pisadura (f)	көгөртүп алуу	køgørtyp aluu
aleijar-se (vr)	көгөртүп алуу	køgørtyp aluu
coxear (vi)	аксоо	aksoo
deslocação (f)	муундун чыгып кетүүсү	muundun tʃıgıp ketyysy
deslocar (vt)	чыгарып алуу	tʃıgarıp aluu
fratura (f)	сынуу	sınuu
fraturar (vt)	сындырып алуу	sındırıp aluu
corte (m)	кесилген жер	kesilgen dʒer
cortar-se (vr)	кесип алуу	kesip aluu
hemorragia (f)	кан кетүү	kan ketyy
queimadura (f)	күйүк	kyjyk
queimar-se (vr)	күйгүзүп алуу	kyjgyzyp aluu
picar (vt)	саюу	sajuu
picar-se (vr)	сайып алуу	sajıp aluu
lesionar (vt)	кокустатып алуу	kokustatıp aluu
lesão (m)	кокустатып алуу	kokustatıp aluu
ferida (f), ferimento (m)	жара	dʒara
trauma (m)	жаракат	dʒarakat
delirar (vi)	жөлүү	dʒølyy
gaguejar (vi)	кекечтенүү	keketʃtenyy
insolação (f)	күн өтүү	kyn øtyy

49. Sintomas. Tratamentos. Parte 2

dor (f)	оору	ooru
farpa (no dedo)	тикен	tiken
suor (m)	тер	ter
suar (vi)	тердөө	terdøø
vómito (m)	кусуу	kusuu
convulsões (f pl)	тарамыш карышуусу	taramıʃ karıʃuusu
grávida	кош бойлуу	koʃ bojluu
nascer (vi)	төрөлүү	tørølyy
parto (m)	төрөт	tørøt
dar à luz	төрөө	tørøø
aborto (m)	бойдон түшүрүү	bojdon tyʃyryy
respiração (f)	дем алуу	dem aluu
inspiração (f)	дем алуу	dem aluu
expiração (f)	дем чыгаруу	dem tʃıgaruu
expirar (vi)	дем чыгаруу	dem tʃıgaruu
inspirar (vi)	дем алуу	dem aluu

inválido (m)	майып	majıp
aleijado (m)	мунжу	mundʒu
toxicodependente (m)	баңги	baŋgi
surdo	дүлөй	dyløj
mudo	дудук	duduk
surdo-mudo	дудук	duduk
louco (adj.)	жин тийген	dʒin tijgen
louco (m)	жинди чалыш	dʒindi tʃalıʃ
louca (f)	жинди чалыш	dʒindi tʃalıʃ
ficar louco	мээси айныган	meesi ajnıgan
gene (m)	ген	gen
imunidade (f)	иммунитет	immunitet
hereditário	тукум куучулук	tukum kuutʃuluk
congénito	тубаса	tubasa
vírus (m)	вирус	virus
micróbio (m)	микроб	mikrob
bactéria (f)	бактерия	bakterija
infeção (f)	жугуштуу илдет	dʒuguʃtuu ildet

50. Sintomas. Tratamentos. Parte 3

hospital (m)	оорукана	oorukana
paciente (m)	бейтап	bejtap
diagnóstico (m)	дарт аныктоо	dart anıktoo
cura (f)	дарылоо	darıloo
tratamento (m) médico	дарылоо	darıloo
curar-se (vr)	дарылануу	darılanuu
tratar (vt)	дарылоо	darıloo
cuidar (pessoa)	кароо	karoo
cuidados (m pl)	кароо	karoo
operação (f)	операция	operatsija
enfaixar (vt)	жараны таңуу	dʒaranı taŋuu
enfaixamento (m)	таңуу	taŋuu
vacinação (f)	эмдөө	emdøø
vacinar (vt)	эмдөө	emdøø
injeção (f)	ийне салуу	ijne saluu
dar uma injeção	ийне сайдыруу	ijne sajdıruu
ataque (~ de asma, etc.)	оору кармап калуу	ooru karmap kaluu
amputação (f)	кесүү	kesyy
amputar (vt)	кесип таштоо	kesip taʃtoo
coma (f)	кома	koma
estar em coma	комада болуу	komada boluu
reanimação (f)	реанимация	reanimatsija
recuperar-se (vr)	сакаюу	sakajuu
estado (~ de saúde)	абал	abal

consciência (f)	эсинде	esinde
memória (f)	эс тутум	es tutum
tirar (vt)	тишти жулуу	tiʃti dʒuluu
chumbo (m), obturação (f)	пломба	plomba
chumbar, obturar (vt)	пломба салуу	plomba saluu
hipnose (f)	гипноз	gipnoz
hipnotizar (vt)	гипноз кылуу	gipnoz kıluu

51. Médicos

médico (m)	доктур	doktur
enfermeira (f)	медсестра	medsestra
médico (m) pessoal	жекелик доктур	dʒekelik doktur
dentista (m)	тиш доктур	tiʃ doktur
oculista (m)	көз доктур	køz doktur
terapeuta (m)	терапевт	terapevt
cirurgião (m)	хирург	χirurg
psiquiatra (m)	психиатр	psiχiatr
pediatra (m)	педиатр	pediatr
psicólogo (m)	психолог	psiχolog
ginecologista (m)	гинеколог	ginekolog
cardiologista (m)	кардиолог	kardiolog

52. Medicina. Drogas. Acessórios

medicamento (m)	дары-дармек	darı-darmek
remédio (m)	дары	darı
receitar (vt)	жазып берүү	dʒazıp beryy
receita (f)	рецепт	retsept
comprimido (m)	таблетка	tabletka
pomada (f)	май	maj
ampola (f)	ампула	ampula
preparado (m)	аралашма	aralaʃma
xarope (m)	сироп	sirop
cápsula (f)	пилюля	pilʉlʲa
remédio (m) em pó	күкүм	kykym
ligadura (f)	бинт	bint
algodão (m)	пахта	paχta
iodo (m)	йод	jod
penso (m) rápido	лейкопластырь	lejkoplastırʲ
conta-gotas (m)	дары тамызгыч	darı tamızgıtʃ
termómetro (m)	градусник	gradusnik
seringa (f)	шприц	ʃprits
cadeira (f) de rodas	майып арабасы	majıp arabası
muletas (f pl)	колтук таяк	koltuk tajak

analgésico (m)	оору сездирбеечү дары	ooru sezdirbøøtʃy darı
laxante (m)	ич алдыруучу дары	itʃ aldıruutʃu darı
álcool (m) etílico	спирт	spirt
ervas (f pl) medicinais	дары чептер	darı tʃøptør
de ervas (chá ~)	чөп чайы	tʃøp tʃajı

HABITAT HUMANO

Cidade

53. Cidade. Vida na cidade

cidade (f)	шаар	ʃaar
capital (f)	борбор	borbor
aldeia (f)	кыштак	kıʃtak

mapa (m) da cidade	шаардын планы	ʃaardın planı
centro (m) da cidade	шаардын борбору	ʃaardın borboru
subúrbio (m)	шаардын чет жакасы	ʃaardın tʃet dʒakası
suburbano	шаардын чет жакасындагы	ʃaardın tʃet dʒakasındagı

periferia (f)	чет-жака	tʃet-dʒaka
arredores (m pl)	чет-жака	tʃet-dʒaka
quarteirão (m)	квартал	kvartal
quarteirão (m) residencial	турак-жай кварталы	turak-dʒaj kvartalı

tráfego (m)	көчө кыймылы	køtʃø kıjmılı
semáforo (m)	светофор	svetofor
transporte (m) público	шаар транспорту	ʃaar transportu
cruzamento (m)	кесилиш	kesiliʃ

passadeira (f)	жөө жүрүүчүлөр жолу	dʒøø dʒyryytʃylør dʒolu
passagem (f) subterrânea	жер астындагы жол	dʒer astındagı dʒol
cruzar, atravessar (vt)	жолду өтүү	dʒoldu øtyy
peão (m)	жөө жүрүүчү	dʒøø dʒyryytʃy
passeio (m)	жанжол	dʒandʒol

ponte (f)	көпүрө	køpyrø
margem (f) do rio	жээк жол	dʒeek dʒol
fonte (f)	фонтан	fontan

alameda (f)	аллея	alleja
parque (m)	сейил багы	sejil bagı
bulevar (m)	бульвар	bulʲvar
praça (f)	аянт	ajant
avenida (f)	проспект	prospekt
rua (f)	көчө	køtʃø
travessa (f)	чолок көчө	tʃolok køtʃø
beco (m) sem saída	туюк көчө	tujuk køtʃø

casa (f)	үй	yj
edifício, prédio (m)	имарат	imarat
arranha-céus (m)	көк тиреген көп кабаттуу үй	køk tiregen køp kabattuu yj

fachada (f)	үйдүн алды	yjdyn aldı
telhado (m)	чатыр	tʃatır
janela (f)	терезе	tereze
arco (m)	түркүк	tyrkyk
coluna (f)	мамы	mamı
esquina (f)	бурч	burtʃ
montra (f)	көрсөтмө айнек үкөк	kørsøtmø ajnek ykøk
letreiro (m)	көрнөк	kørnøk
cartaz (m)	афиша	afiʃa
cartaz (m) publicitário	көрнөк-жарнак	kørnøk-dʒarnak
painel (m) publicitário	жарнамалык такта	dʒarnamalık takta
lixo (m)	таштанды	taʃtandı
cesta (f) do lixo	таштанды челек	taʃtandı tʃelek
jogar lixo na rua	таштоо	taʃtoo
aterro (m) sanitário	таштанды үйүлгөн жер	taʃtandı yjylgøn dʒer
cabine (f) telefónica	телефон будкасы	telefon budkası
candeeiro (m) de rua	чырак мамы	tʃırak mamı
banco (m)	отургуч	oturgutʃ
polícia (m)	полиция кызматкери	politsija kızmatkeri
polícia (instituição)	полиция	politsija
mendigo (m)	кайырчы	kajırtʃı
sem-abrigo (m)	селсаяк	selsajak

54. Instituições urbanas

loja (f)	дүкөн	dykøn
farmácia (f)	дарыкана	darıkana
ótica (f)	оптика	optika
centro (m) comercial	соода борбору	sooda borboru
supermercado (m)	супермаркет	supermarket
padaria (f)	нан дүкөнү	nan dykøny
padeiro (m)	навайчы	navajtʃı
pastelaria (f)	кондитердик дүкөн	konditerdik dykøn
mercearia (f)	азык-түлүк	azık-tylyk
talho (m)	эт дүкөнү	et dykøny
loja (f) de legumes	жашылча дүкөнү	dʒaʃıltʃa dykøny
mercado (m)	базар	bazar
café (m)	кофекана	kofekana
restaurante (m)	ресторан	restoran
bar (m), cervejaria (f)	сыракана	sırakana
pizzaria (f)	пиццерия	pitserija
salão (m) de cabeleireiro	чач тарач	tʃatʃ taratʃ
correios (m pl)	почта	potʃta
lavandaria (f)	химиялык тазалоо	χimijalık tazaloo
estúdio (m) fotográfico	фотоателье	fotoatelje
sapataria (f)	бут кийим дүкөнү	but kijim dykøny

livraria (f)	китеп дүкөнү	kitep dykøny
loja (f) de artigos de desporto	спорт буюмдар дүкөнү	sport bujumdar dykøny
reparação (f) de roupa	кийим ондоочу жай	kijim ondootʃu dʒaj
aluguer (m) de roupa	кийимди ижарага берүү	kijimdi idʒaraga beryy
aluguer (m) de filmes	тасмаларды ижарага берүү	tasmalardı idʒaraga beryy
circo (m)	цирк	tsırk
jardim (m) zoológico	зоопарк	zoopark
cinema (m)	кинотеатр	kinoteatr
museu (m)	музей	muzej
biblioteca (f)	китепкана	kitepkana
teatro (m)	театр	teatr
ópera (f)	опера	opera
clube (m) noturno	түнкү клуб	tynky klub
casino (m)	казино	kazino
mesquita (f)	мечит	metʃit
sinagoga (f)	синагога	sinagoga
catedral (f)	чоң чиркөө	tʃoŋ tʃirkøø
templo (m)	ибадаткана	ibadatkana
igreja (f)	чиркөө	tʃirkøø
instituto (m)	коллеж	kolledʒ
universidade (f)	университет	universitet
escola (f)	мектеп	mektep
prefeitura (f)	префектура	prefektura
câmara (f) municipal	мэрия	merija
hotel (m)	мейманкана	mejmankana
banco (m)	банк	bank
embaixada (f)	элчилик	eltʃilik
agência (f) de viagens	турагенттиги	turagenttigi
agência (f) de informações	маалымат бюросу	maalımat burosu
casa (f) de câmbio	алмаштыруу пункту	almaʃtıruu punktu
metro (m)	метро	metro
hospital (m)	оорукана	oorukana
posto (m) de gasolina	май куюучу станция	maj kujuutʃu stantsija
parque (m) de estacionamento	унаа токтоочу жай	unaa toktootʃu dʒaj

55. Sinais

letreiro (m)	көрнөк	kørnøk
inscrição (f)	жазуу	dʒazuu
cartaz, póster (m)	көрнөк	kørnøk
sinal (m) informativo	көрсөткүч	kørsøtkytʃ
seta (f)	жебе	dʒebe
aviso (advertência)	экертме	ekertme
sinal (m) de aviso	эскертүү белгиси	eskertyy belgisi

avisar, advertir (vt)	эскертүү	eskertyy
dia (m) de folga	дем алыш күн	dem alıʃ kyn
horário (m)	ыраattaмa	ıraattama
horário (m) de funcionamento	иш сааттары	iʃ saattarı
BEM-VINDOS!	КОШ КЕЛИҢИЗДЕР!	koʃ keliŋizder!
ENTRADA	КИРҮҮ	kiryy
SAÍDA	ЧЫГУУ	tʃıguu
EMPURRE	ӨЗҮҢҮЗДӨН ТҮРТҮҢҮЗ	øzyŋyzdøn tyrtyŋyz
PUXE	ӨЗҮҢҮЗГӨ ТАРТЫҢЫЗ	øzyŋyzgø tartıŋız
ABERTO	АЧЫК	atʃık
FECHADO	ЖАБЫК	dʒabık
MULHER	АЙЫМДАР ҮЧҮН	ajımdar ytʃyn
HOMEM	ЭРКЕКТЕР ҮЧҮН	erkekter ytʃyn
DESCONTOS	АРЗАНДАТУУЛАР	arzandatuular
SALDOS	САТЫП ТҮГӨТҮҮ	satıp tygøtyy
NOVIDADE!	СААМАЛЫК!	saamalık!
GRÁTIS	БЕКЕР	beker
ATENÇÃO!	КӨҢҮЛ БУРУҢУЗ!	køŋyl buruŋuz!
NÃO HÁ VAGAS	ОРУН ЖОК	orun dʒok
RESERVADO	КАМДЫК БУЙРУТМАЛАГАН	kamdık bujrutmalagan
ADMINISTRAÇÃO	АДМИНИСТРАЦИЯ	administratsija
SOMENTE PESSOAL AUTORIZADO	ЖААМАТ ҮЧҮН ГАНА	dʒaamat ytʃyn gana
CUIDADO CÃO FEROZ	КАБАНААК ИТ	kabanaak it
PROIBIDO FUMAR!	ТАМЕКИ ЧЕГҮҮГӨ БОЛБОЙТ!	tameki tʃegyygø bolbojt!
NÃO TOCAR	КОЛУҢАР МЕНЕН КАРМАБАГЫЛА!	koluŋar menen karmabagıla!
PERIGOSO	КООПТУУ	kooptuu
PERIGO	КОРКУНУЧ	korkunutʃ
ALTA TENSÃO	ЖОГОРКУ ЧЫҢАЛУУ	dʒogorku tʃıŋaluu
PROIBIDO NADAR	СУУГА ТҮШҮҮГӨ БОЛБОЙТ	suuga tyʃyygø bolbojt
AVARIADO	ИШТЕБЕЙТ	iʃtebejt
INFLAMÁVEL	ӨРТ ЧЫГУУ КОРКУНУЧУ	ørt tʃıguu korkunutʃu
PROIBIDO	ТЫЮУ САЛЫНГАН	tıjuu salıngan
ENTRADA PROIBIDA	ӨТҮҮГӨ БОЛБОЙТ	øtyygø bolbojt
CUIDADO TINTA FRESCA	СЫРДАЛГАН	sırdalgan

56. Transportes urbanos

autocarro (m)	автобус	avtobus
elétrico (m)	трамвай	tramvaj
troleicarro (m)	троллейбус	trollejbus

itinerário (m)	каттам	kattam
número (m)	номер	nomer

ir de … (carro, etc.)	… жүрүү	… dʒyryy
entrar (~ no autocarro)	… отуруу	… oturuu
descer de …	… түшүп калуу	… tyʃyp kaluu

paragem (f)	аялдама	ajaldama
próxima paragem (f)	кийинки аялдама	kijinki ajaldama
ponto (m) final	акыркы аялдама	akırkı ajaldama
horário (m)	ырааттама	ıraattama
esperar (vt)	күтүү	kytyy

bilhete (m)	билет	bilet
custo (m) do bilhete	билеттин баасы	bilettin baası

bilheteiro (m)	кассир	kassir
controlo (m) dos bilhetes	текшерүү	tekʃeryy
revisor (m)	текшерүүчү	tekʃeryytʃy

atrasar-se (vr)	кечигүү	ketʃigyy
perder (o autocarro, etc.)	кечигип калуу	ketʃigip kaluu
estar com pressa	шашуу	ʃaʃuu

táxi (m)	такси	taksi
taxista (m)	такси айдоочу	taksi ajdootʃu
de táxi (ir ~)	таксиде	takside
praça (f) de táxis	такси токтоочу жай	taksi toktootʃu dʒaj
chamar um táxi	такси чакыруу	taksi tʃakıruu
apanhar um táxi	такси кармоо	taksi karmoo

tráfego (m)	көчө кыймылы	køtʃø kıjmılı
engarrafamento (m)	тыгын	tıgın
horas (f pl) de ponta	кызуу маал	kızuu maal
estacionar (vi)	токтотуу	toktotuu
estacionar (vt)	машинаны жайлаштыруу	maʃinanı dʒajlaʃtıruu
parque (m) de estacionamento	унаа токтоочу жай	unaa toktootʃu dʒaj

metro (m)	метро	metro
estação (f)	бекет	beket
ir de metro	метродо жүрүү	metrodo dʒyryy
comboio (m)	поезд	poezd
estação (f)	вокзал	vokzal

57. Turismo

monumento (m)	эстелик	estelik
fortaleza (f)	чеп	tʃep
palácio (m)	сарай	saraj
castelo (m)	сепил	sepil
torre (f)	мунара	munara
mausoléu (m)	күмбөз	kymbøz
arquitetura (f)	архитектура	arχitektura
medieval	орто кылымдык	orto kılımdık

antigo	байыркы	bajırkı
nacional	улуттук	uluttuk
conhecido	таанымал	taanımal
turista (m)	турист	turist
guia (pessoa)	гид	gid
excursão (f)	экскурсия	ekskursija
mostrar (vt)	көрсөтүү	kørsøtyy
contar (vt)	айтып берүү	ajtıp beryy
encontrar (vt)	табуу	tabuu
perder-se (vr)	адашып кетүү	adaʃıp ketyy
mapa (~ do metrô)	схема	sχema
mapa (~ da cidade)	план	plan
lembrança (f), presente (m)	асембелек	asembelek
loja (f) de presentes	асембелек дүкөнү	asembelek dykøny
fotografar (vt)	сүрөткө тартуу	syrøtkø tartuu
fotografar-se	сүрөткө түшүү	syrøtkø tyʃyy

58. Compras

comprar (vt)	сатып алуу	satıp aluu
compra (f)	сатып алуу	satıp aluu
fazer compras	сатып алууга чыгуу	satıp aluuga tʃıguu
compras (f pl)	базарчылоо	bazartʃıloo
estar aberta (loja, etc.)	иштөө	iʃtøø
estar fechada	жабылуу	dʒabıluu
calçado (m)	бут кийим	but kijim
roupa (f)	кийим-кече	kijim-ketʃe
cosméticos (m pl)	упа-эндик	upa-endik
alimentos (m pl)	азык-түлүк	azık-tylyk
presente (m)	белек	belek
vendedor (m)	сатуучу	satuutʃu
vendedora (f)	сатуучу кыз	satuutʃu kız
caixa (f)	касса	kassa
espelho (m)	күзгү	kyzgy
balcão (m)	прилавок	prilavok
cabine (f) de provas	кийим чеңөөчү бөлмө	kijim tʃenøøtʃy bølmø
provar (vt)	кийим ченөө	kijim tʃenøø
servir (vi)	ылайык келүү	ılajık kelyy
gostar (apreciar)	жактыруу	dʒaktıruu
preço (m)	баа	baa
etiqueta (f) de preço	баа	baa
custar (vt)	туруу	turuu
Quanto?	Канча?	kantʃa?
desconto (m)	арзандатуу	arzandatuu
não caro	кымбат эмес	kımbat emes

barato	арзан	arzan
caro	кымбат	kımbat
É caro	Бул кымбат	bul kımbat
aluguer (m)	ижара	idʒara
alugar (vestidos, etc.)	ижарага алуу	idʒaraga aluu
crédito (m)	насыя	nasıja
a crédito	насыяга алуу	nasıjaga aluu

59. Dinheiro

dinheiro (m)	акча	aktʃa
câmbio (m)	алмаштыруу	almaʃtıruu
taxa (f) de câmbio	курс	kurs
Caixa Multibanco (m)	банкомат	bankomat
moeda (f)	тыйын	tıjın
dólar (m)	доллар	dollar
euro (m)	евро	evro
lira (f)	италиялык лира	italijalık lira
marco (m)	немис маркасы	nemis markası
franco (m)	франк	frank
libra (f) esterlina	фунт стерлинг	funt sterling
iene (m)	йена	jena
dívida (f)	карыз	karız
devedor (m)	карыздар	karızdar
emprestar (vt)	карызга берүү	karızga beryy
pedir emprestado	карызга алуу	karızga aluu
banco (m)	банк	bank
conta (f)	эсеп	esep
depositar (vt)	салуу	saluu
depositar na conta	эсепке акча салуу	esepke aktʃa saluu
levantar (vt)	эсептен акча чыгаруу	esepten aktʃa tʃıgaruu
cartão (m) de crédito	насыя картасы	nasıja kartası
dinheiro (m) vivo	накталай акча	naktalaj aktʃa
cheque (m)	чек	tʃek
passar um cheque	чек жазып берүү	tʃek dʒazıp beryy
livro (m) de cheques	чек китепчеси	tʃek kiteptʃesi
carteira (f)	намыян	namıjan
porta-moedas (m)	капчык	kaptʃık
cofre (m)	сейф	sejf
herdeiro (m)	мураскер	murasker
herança (f)	мурас	muras
fortuna (riqueza)	мүлк	mylk
arrendamento (m)	ижара	idʒara
renda (f) de casa	батир акысы	batir akısı
alugar (vt)	батирге алуу	batirge aluu

preço (m)	баа	baa
custo (m)	баа	baa
soma (f)	сумма	summa

gastar (vt)	коротуу	korotuu
gastos (m pl)	чыгым	tʃıgım
economizar (vi)	үнөмдөө	ynømdøø
económico	сарамжал	saramdʒal

pagar (vt)	төлөө	tøløø
pagamento (m)	акы төлөө	akı tøløø
troco (m)	кайтарылган майда акча	kajtarılgan majda aktʃa

imposto (m)	салык	salık
multa (f)	айып	ajıp
multar (vt)	айып пул салуу	ajıp pul saluu

60. Correios. Serviço postal

correios (m pl)	почта	potʃta
correio (m)	почта	potʃta
carteiro (m)	кат ташуучу	kat taʃuutʃu
horário (m)	иш сааттары	iʃ saattarı

carta (f)	кат	kat
carta (f) registada	тапшырык кат	tapʃırık kat
postal (m)	открытка	otkrıtka
telegrama (m)	телеграмма	telegramma
encomenda (f) postal	посылка	posılka
remessa (f) de dinheiro	акча которуу	aktʃa kotoruu

receber (vt)	алуу	aluu
enviar (vt)	жөнөтүү	dʒønøtyy
envio (m)	жөнөтүү	dʒønøtyy

endereço (m)	дарек	darek
código (m) postal	индекс	indeks
remetente (m)	жөнөтүүчү	dʒønøtyytʃy
destinatário (m)	алуучу	aluutʃu

| nome (m) | аты | atı |
| apelido (m) | фамилиясы | familijası |

tarifa (f)	тариф	tarif
ordinário	жөнөкөй	dʒønøkøj
económico	үнөмдүү	ynømdyy

peso (m)	салмак	salmak
pesar (estabelecer o peso)	таразалоо	tarazaloo
envelope (m)	конверт	konvert
selo (m)	марка	marka
colar o selo	марка жабыштыруу	marka dʒabıʃtıruu

Moradia. Casa. Lar

61. Casa. Eletricidade

eletricidade (f)	электр кубаты	elektr kubatı
lâmpada (f)	чырак	tʃırak
interruptor (m)	өчүргүч	øtʃyrgytʃ
fusível (m)	эриме сактагыч	erime saktagıtʃ

fio, cabo (m)	зым	zım
instalação (f) elétrica	электр зымы	elektr zımı
contador (m) de eletricidade	электр эсептегич	elektr eseptegitʃ
indicação (f), registo (m)	көрсөтүү ченем	kørsøtyy tʃenem

62. Moradia. Mansão

casa (f) de campo	шаар четиндеги үй	ʃaar tʃetindegi yj
vila (f)	вилла	villa
ala (~ do edifício)	канат	kanat

jardim (m)	бакча	baktʃa
parque (m)	сейил багы	sejil bagı
estufa (f)	күнөскана	kynøskana
cuidar de …	кароо	karoo

piscina (f)	бассейн	bassejn
ginásio (m)	машыгуу залы	maʃıguu zalı
campo (m) de ténis	теннис корту	tennis kortu
cinema (m)	кинотеатр	kinoteatr
garagem (f)	гараж	garadʒ

propriedade (f) privada	жеке менчик	dʒeke mentʃik
terreno (m) privado	жеке ээликте	dʒeke eelikte

advertência (f)	эскертүү	eskertyy
sinal (m) de aviso	эскертүү белгиси	eskertyy belgisi

guarda (f)	күзөт	kyzøt
guarda (m)	кароолчу	karooltʃu
alarme (m)	сигнализация	signalizatsija

63. Apartamento

apartamento (m)	батир	batir
quarto (m)	бөлмө	bølmø
quarto (m) de dormir	уктоочу бөлмө	uktootʃu bølmø

sala (f) de jantar	ашкана	aʃkana
sala (f) de estar	конок үйү	konok yjy
escritório (m)	иш бөлмөсү	iʃ bølmøsy
antessala (f)	кире бериш	kire beriʃ
quarto (m) de banho	ванная	vannaja
toilette (lavabo)	дааракана	daaratkana
teto (m)	шып	ʃıp
chão, soalho (m)	пол	pol
canto (m)	бурч	burtʃ

64. Mobiliário. Interior

mobiliário (m)	эмерек	emerek
mesa (f)	стол	stol
cadeira (f)	стул	stul
cama (f)	керебет	kerebet
divã (m)	диван	divan
cadeirão (m)	олпок отургуч	olpok oturgutʃ
estante (f)	китеп шкафы	kitep ʃkafı
prateleira (f)	текче	tektʃe
guarda-vestidos (m)	шкаф	ʃkaf
cabide (m) de parede	кийим илгич	kijim ilgitʃ
cabide (m) de pé	кийим илгич	kijim ilgitʃ
cómoda (f)	комод	komod
mesinha (f) de centro	журнал столу	dʒurnal stolu
espelho (m)	күзгү	kyzgy
tapete (m)	килем	kilem
tapete (m) pequeno	килемче	kilemtʃe
lareira (f)	очок	otʃok
vela (f)	шам	ʃam
castiçal (m)	шамдал	ʃamdal
cortinas (f pl)	парда	parda
papel (m) de parede	туш кагаз	tuʃ kagaz
estores (f pl)	жалюзи	dʒaldʒuzi
candeeiro (m) de mesa	стол чырагы	stol tʃıragı
candeeiro (m) de parede	чырак	tʃırak
candeeiro (m) de pé	торшер	torʃer
lustre (m)	асма шам	asma ʃam
pé (de mesa, etc.)	бут	but
braço (m)	чыканак такооч	tʃıkanak takootʃ
costas (f pl)	жөлөнгүч	dʒøløngytʃ
gaveta (f)	суурма	suurma

65. Quarto de dormir

roupa (f) de cama	шейшеп	ʃejʃep
almofada (f)	жаздык	dʒazdık
fronha (f)	жаздык кап	dʒazdık kap
cobertor (m)	жууркан	dʒuurkan
lençol (m)	шейшеп	ʃejʃep
colcha (f)	жапкыч	dʒapkıtʃ

66. Cozinha

cozinha (f)	ашкана	aʃkana
gás (m)	газ	gaz
fogão (m) a gás	газ плитасы	gaz plitası
fogão (m) elétrico	электр плитасы	elektr plitası
forno (m)	духовка	duχovka
forno (m) de micro-ondas	микротолкун меши	mikrotolkun meʃi
frigorífico (m)	муздаткыч	muzdatkıtʃ
congelador (m)	тоңдургуч	toŋdurgutʃ
máquina (f) de lavar louça	идиш жуучу машина	idiʃ dʒuutʃu maʃina
moedor (m) de carne	эт туурагыч	et tuuragıtʃ
espremedor (m)	шире сыккыч	ʃire sıkkıtʃ
torradeira (f)	тостер	toster
batedeira (f)	миксер	mikser
máquina (f) de café	кофе кайнаткыч	kofe kajnatkıtʃ
cafeteira (f)	кофе кайнатуучу идиш	kofe kajnatuutʃu idiʃ
moinho (m) de café	кофе майдалагыч	kofe majdalagıtʃ
chaleira (f)	чайнек	tʃajnek
bule (m)	чайнек	tʃajnek
tampa (f)	капкак	kapkak
coador (m) de chá	чыпка	tʃıpka
colher (f)	кашык	kaʃık
colher (f) de chá	чай кашык	tʃaj kaʃık
colher (f) de sopa	аш кашык	aʃ kaʃık
garfo (m)	вилка	vilka
faca (f)	бычак	bıtʃak
louça (f)	идиш-аяк	idiʃ-ajak
prato (m)	табак	tabak
pires (m)	табак	tabak
cálice (m)	рюмка	rumka
copo (m)	ыстакан	ıstakan
chávena (f)	чөйчөк	tʃøjtʃøk
açucareiro (m)	кум шекер салгыч	kum ʃeker salgıtʃ
saleiro (m)	туз салгыч	tuz salgıtʃ
pimenteiro (m)	мурч салгыч	murtʃ salgıtʃ

manteigueira (f)	май салгыч	maj salgıtʃ
panela, caçarola (f)	мискей	miskej
frigideira (f)	табак	tabak
concha (f)	чөмүч	tʃɵmytʃ
passador (m)	депкир	depkir
bandeja (f)	батыныс	batınıs
garrafa (f)	бөтөлкө	bɵtɵlkɵ
boião (m) de vidro	банка	banka
lata (f)	банка	banka
abre-garrafas (m)	ачкыч	atʃkıtʃ
abre-latas (m)	ачкыч	atʃkıtʃ
saca-rolhas (m)	штопор	ʃtopor
filtro (m)	чыпка	tʃıpka
filtrar (vt)	чыпкалоо	tʃıpkaloo
lixo (m)	таштанды	taʃtandı
balde (m) do lixo	таштанды чака	taʃtandı tʃaka

67. Casa de banho

quarto (m) de banho	ванная	vannaja
água (f)	суу	suu
torneira (f)	чорго	tʃorgo
água (f) quente	ысык суу	ısık suu
água (f) fria	муздак суу	muzdak suu
pasta (f) de dentes	тиш пастасы	tiʃ pastası
escovar os dentes	тиш жуу	tiʃ dʒuu
escova (f) de dentes	тиш щёткасы	tiʃ ʃtʃotkası
barbear-se (vr)	кырынуу	kırınuu
espuma (f) de barbear	кырынуу үчүн көбүк	kırınuu ytʃyn kɵbyk
máquina (f) de barbear	устара	ustara
lavar (vt)	жуу	dʒuu
lavar-se (vr)	жуунуу	dʒuunuu
duche (m)	душ	duʃ
tomar um duche	душка түшүү	duʃka tyʃyy
banheira (f)	ванна	vanna
sanita (f)	унитаз	unitaz
lavatório (m)	раковина	rakovina
sabonete (m)	самын	samın
saboneteira (f)	самын салгыч	samın salgıtʃ
esponja (f)	губка	gubka
champô (m)	шампунь	ʃampunj
toalha (f)	сүлгү	sylgy
roupão (m) de banho	халат	xalat
lavagem (f)	кир жуу	kir dʒuu
máquina (f) de lavar	кир жуучу машина	kir dʒuutʃu maʃina

lavar a roupa	кир жуу	kir dʒuu
detergente (m)	кир жуучу порошок	kir dʒuutʃu poroʃok

68. Eletrodomésticos

televisor (m)	сыналгы	sınalgı
gravador (m)	магнитофон	magnitofon
videogravador (m)	видеомагнитофон	videomagnitofon
rádio (m)	үналгы	ynalgı
leitor (m)	плеер	pleer

projetor (m)	видеопроектор	videoproektor
cinema (m) em casa	үй кинотеатры	yj kinoteatrı
leitor (m) de DVD	DVD ойноткуч	dividi ojnotkutʃ
amplificador (m)	күчөткүч	kytʃøtkytʃ
console (f) de jogos	оюн приставкасы	ojʉn pristavkası

câmara (f) de vídeo	видеокамера	videokamera
máquina (f) fotográfica	фотоаппарат	fotoapparat
câmara (f) digital	санарип камерасы	sanarip kamerası

aspirador (m)	чаң соргуч	tʃaŋ sorgutʃ
ferro (m) de engomar	үтүк	ytyk
tábua (f) de engomar	үтүктөөчү тактай	ytyktøøtʃy taktaj

telefone (m)	телефон	telefon
telemóvel (m)	мобилдик	mobildik
máquina (f) de escrever	машинка	maʃinka
máquina (f) de costura	кийим тигүүчү машинка	kijim tigyytʃy maʃinka

microfone (m)	микрофон	mikrofon
auscultadores (m pl)	кулакчын	kulaktʃın
controlo remoto (m)	пульт	pulʲt

CD (m)	CD, компакт-диск	sidi, kompakt-disk
cassete (f)	кассета	kasseta
disco (m) de vinil	пластинка	plastinka

ATIVIDADES HUMANAS

Emprego. Negócios. Parte 1

69. Escritório. O trabalho no escritório

escritório (~ de advogados)	офис	ofis
escritório (do diretor, etc.)	кабинет	kabinet
receção (f)	кабыл алуу катчысы	kabıl aluu kattʃısı
secretário (m)	катчы	kattʃı
secretária (f)	катчы аял	kattʃı ajal
diretor (m)	директор	direktor
gerente (m)	башкаруучу	baʃkaruutʃu
contabilista (m)	бухгалтер	buxgalter
empregado (m)	кызматкер	kızmatker
mobiliário (m)	эмерек	emerek
mesa (f)	стол	stol
cadeira (f)	кресло	kreslo
bloco (m) de gavetas	үкөк	ykøk
cabide (m) de pé	кийим илгич	kijim ilgitʃ
computador (m)	компьютер	kompjʉter
impressora (f)	принтер	printer
fax (m)	факс	faks
fotocopiadora (f)	көчүрүүчү аппарат	køtʃyryytʃy apparat
papel (m)	кагаз	kagaz
artigos (m pl) de escritório	кеңсе буюмдары	keŋse bujʉmdarı
tapete (m) de rato	килемче	kilemtʃe
folha (f) de papel	баракча	baraktʃa
pasta (f)	папка	papka
catálogo (m)	каталог	katalog
diretório (f) telefónico	абоненттердин тизмеси	abonentterdin tizmesi
documentação (f)	документтер	dokumentter
brochura (f)	китепче	kiteptʃe
flyer (m)	баракча	baraktʃa
amostra (f)	үлгү	ylgy
formação (f)	окутуу	okutuu
reunião (f)	кеңеш	keŋeʃ
hora (f) de almoço	түшкү танапис	tyʃky tanapis
fazer uma cópia	көчүрмө алуу	køtʃyrmø aluu
tirar cópias	көбөйтүү	købøjtyy
receber um fax	факс алуу	faks aluu
enviar um fax	факс жөнөтүү	faks dʒønøtyy

fazer uma chamada	чалуу	tʃaluu
responder (vt)	жооп берүү	dʒoop beryy
passar (vt)	байланыштыруу	bajlanıʃtıruu

marcar (vt)	уюштуруу	ujuʃturuu
demonstrar (vt)	көрсөтүү	kørsøtyy
estar ausente	келбей калуу	kelbej kaluu
ausência (f)	барбай калуу	barbaj kaluu

70. Processos negociais. Parte 1

| negócio (m) | иш | iʃ |
| ocupação (f) | жумуш | dʒumuʃ |

firma, empresa (f)	фирма	firma
companhia (f)	компания	kompanija
corporação (f)	корпорация	korporatsija
empresa (f)	ишкана	iʃkana
agência (f)	агенттик	agenttik

acordo (documento)	келишим	keliʃim
contrato (m)	контракт	kontrakt
acordo (transação)	бүтүм	bytym
encomenda (f)	буйрутма	bujrutma
cláusulas (f pl), termos (m pl)	шарт	ʃart

por grosso (adv)	дүнү менен	dyŋy menen
por grosso (adj)	дүнүнөн	dyŋynøn
venda (f) por grosso	дүн соода	dyŋ sooda
a retalho	чекене	tʃekene
venda (f) a retalho	чекене соода	tʃekene sooda

concorrente (m)	атаандаш	ataandaʃ
concorrência (f)	атаандаштык	ataandaʃtık
competir (vi)	атаандашуу	ataandaʃuu

| sócio (m) | өнөктөш | ønøktøʃ |
| parceria (f) | өнөктөштүк | ønøktøʃtyk |

crise (f)	кааттчылык	kaattʃılık
bancarrota (f)	кудуретсиздик	kuduretsizdik
entrar em falência	кудуретсиз калуу	kuduretsiz kaluu
dificuldade (f)	кыйынчылык	kıjıntʃılık
problema (m)	көйгөй	køjgøj
catástrofe (f)	киши көрбөсүн	kiʃi kørbøsyn

economia (f)	экономика	ekonomika
económico	экономикалык	ekonomikalık
recessão (f) económica	экономикалык төмөндөө	ekonomikalık tømøndøø

objetivo (m)	максат	maksat
tarefa (f)	маселе	masele
comerciar (vi, vt)	соодалашуу	soodalaʃuu
rede (de distribuição)	тармак	tarmak

estoque (m)	кампа	kampa
sortimento (m)	ассортимент	assortiment
líder (m)	алдыңкы катардагы	aldıŋkı katardagı
grande (~ empresa)	ири	iri
monopólio (m)	монополия	monopolija
teoria (f)	теория	teorija
prática (f)	тажрыйба	tadʒrıjba
experiência (falar por ~)	тажрыйба	tadʒrıjba
tendência (f)	умтулуу	umtuluu
desenvolvimento (m)	өнүгүү	ønygyy

71. Processos negociais. Parte 2

rentabilidade (f)	пайда	pajda
rentável	майнаптуу	majnaptuu
delegação (f)	делегация	delegatsija
salário, ordenado (m)	кызмат акы	kızmat akı
corrigir (um erro)	түзөтүү	tyzøtyy
viagem (f) de negócios	иш сапар	iʃ sapar
comissão (f)	комиссия	komissija
controlar (vt)	башкаруу	baʃkaruu
conferência (f)	иш жыйын	iʃ dʒıjın
licença (f)	лицензия	litsenzija
confiável	ишеничтүү	iʃenitʃtyy
empreendimento (m)	демилге	demilge
norma (f)	стандарт	standart
circunstância (f)	жагдай	dʒagdaj
dever (m)	милдет	mildet
empresa (f)	уюм	ujʉm
organização (f)	уюштуруу	ujʉʃturuu
organizado	уюштурулган	ujʉʃturulgan
anulação (f)	токтотуу	toktotuu
anular, cancelar (vt)	жокко чыгаруу	dʒokko tʃıgaruu
relatório (m)	отчет	ottʃet
patente (f)	патент	patent
patentear (vt)	патентөө	patentøø
planear (vt)	пландаштыруу	plandaʃtıruu
prémio (m)	сыйлык	sıjlık
profissional	кесипкөй	kesipkøj
procedimento (m)	тартип	tartip
examinar (a questão)	карап чыгуу	karap tʃıguu
cálculo (m)	эсеп-кысап	esep-kısap
reputação (f)	аброй	abroj
risco (m)	тобокел	tobokel
dirigir (~ uma empresa)	башкаруу	baʃkaruu

informação (f)	маалымат	maalımat
propriedade (f)	менчик	mentʃik
união (f)	бирикме	birikme
seguro (m) de vida	жашоону камсыздандыруу	dʒaʃoonu kamsızdandıruu
fazer um seguro	камсыздандыруу	kamsızdandıruu
seguro (m)	камсыздандыруу	kamsızdandıruu
leilão (m)	тоорук	tooruk
notificar (vt)	билдирүү	bildiryy
gestão (f)	башкаруу	baʃkaruu
serviço (indústria de ~s)	кызмат	kızmat
fórum (m)	форум	forum
funcionar (vi)	иш-милдетти аткаруу	iʃ-mildetti atkaruu
estágio (m)	кадам	kadam
jurídico	укуктуу	ukuktuu
jurista (m)	юрист	jʉrist

72. Produção. Trabalhos

usina (f)	завод	zavod
fábrica (f)	фабрика	fabrika
oficina (f)	цех	tseχ
local (m) de produção	өндүрүш	øndyryʃ
indústria (f)	өнөр-жай	ønør-dʒaj
industrial	өнөр-жай	ønør-dʒaj
indústria (f) pesada	оор өнөр-жай	oor ønør-dʒaj
indústria (f) ligeira	жеңил өнөр-жай	dʒeɲil ønør-dʒaj
produção (f)	өндүрүм	øndyrym
produzir (vt)	өндүрүү	øndyryy
matérias-primas (f pl)	чийки зат	tʃijki zat
chefe (m) de brigada	бригадир	brigadir
brigada (f)	бригада	brigada
operário (m)	жумушчу	dʒumuʃtʃu
dia (m) de trabalho	иш күнү	iʃ kyny
pausa (f)	тыныгуу	tınıguu
reunião (f)	чогулуш	tʃoguluʃ
discutir (vt)	талкуулоо	talkuuloo
plano (m)	план	plan
cumprir o plano	планды аткаруу	plandı atkaruu
taxa (f) de produção	иштеп чыгаруу коюму	iʃtep tʃıgaruu kojʉmu
qualidade (f)	сапат	sapat
controlo (m)	текшерүү	tekʃeryy
controlo (m) da qualidade	сапат текшерүү	sapat tekʃeryy
segurança (f) no trabalho	эмгек коопсуздугу	emgek koopsuzdugu
disciplina (f)	тартип	tartip

infração (f)	бузуу	buzuu
violar (as regras)	бузуу	buzuu
greve (f)	ишти калтыруу	iʃti kaltıruu
grevista (m)	иш калтыргыч	iʃ kaltırgıtʃ
estar em greve	ишти калтыруу	iʃti kaltıruu
sindicato (m)	профсоюз	profsojʉz
inventar (vt)	ойлоп табуу	ojlop tabuu
invenção (f)	ойлоп табылган нерсе	ojlop tabılgan nerse
pesquisa (f)	изилдөө	izildøø
melhorar (vt)	жакшыртуу	dʒakʃırtuu
tecnologia (f)	технология	teχnologija
desenho (m) técnico	чийме	tʃijme
carga (f)	жүк	dʒyk
carregador (m)	жүк ташуучу	dʒyk taʃuutʃu
carregar (vt)	жүктөө	dʒyktøø
carregamento (m)	жүктөө	dʒyktøø
descarregar (vt)	жүк түшүрүү	dʒyk tyʃuryy
descarga (f)	жүк түшүрүү	dʒyk tyʃyryy
transporte (m)	транспорт	transport
companhia (f) de transporte	транспорттук компания	transporttuk kompanija
transportar (vt)	транспорт менен ташуу	transport menen taʃuu
vagão (m) de carga	вагон	vagon
cisterna (f)	цистерна	tsısterna
camião (m)	жүк ташуучу машина	dʒyk taʃuutʃu maʃina
máquina-ferramenta (f)	станок	stanok
mecanismo (m)	механизм	meχanizm
resíduos (m pl) industriais	таштандылар	taʃtandılar
embalagem (f)	таңгактоо	taŋgaktoo
embalar (vt)	таңгактоо	taŋgaktoo

73. Contrato. Acordo

contrato (m)	контракт	kontrakt
acordo (m)	макулдашуу	makuldaʃuu
adenda (f), anexo (m)	тиркеме	tirkeme
assinar o contrato	контракт түзүү	kontrakt tyzyy
assinatura (f)	кол тамга	kol tamga
assinar (vt)	кол коюу	kol kojʉu
carimbo (m)	мөөр	møør
objeto (m) do contrato	келишимдин предмети	keliʃimdin predmeti
cláusula (f)	пункт	punkt
partes (f pl)	тараптар	taraptar
morada (f) jurídica	юридикалык дарек	juridikalık darek
violar o contrato	контрактты бузуу	kontrakttı buzuu
obrigação (f)	милдеттенме	mildettenme

responsabilidade (f) жоопкерчилик dʒoopkertʃilik
força (f) maior форс-мажор fors-madʒor
litígio (m), disputa (f) талаш talaʃ
multas (f pl) жаза чаралары dʒaza tʃaraları

74. Importação & Exportação

importação (f) импорт import
importador (m) импортоочу importtootʃu
importar (vt) импорттоо importtoo
de importação импорт import

exportação (f) экспорт eksport
exportador (m) экспортоочу eksporttootʃu
exportar (vt) экспорттоо eksporttoo
de exportação экспорт eksport

mercadoria (f) товар tovar
lote (de mercadorias) жүк тобу dʒyk tobu

peso (m) салмак salmak
volume (m) көлөм køløm
metro (m) cúbico куб метр kub metr

produtor (m) өндүрүүчү øndyryytʃy
companhia (f) de transporte транспорттук компания transporttuk kompanija
contentor (m) контейнер kontejner

fronteira (f) чек ара tʃek ara
alfândega (f) бажыкана badʒıkana
taxa (f) alfandegária бажы салык badʒı salık
funcionário (m) da alfândega бажы кызматкери badʒı kızmatkeri
contrabando (atividade) контрабанда kontrabanda
contrabando (produtos) контрабанда kontrabanda

75. Finanças

ação (f) акция aktsija
obrigação (f) баалуу кагаздар baaluu kagazdar
nota (f) promissória вексель vekselʲ

bolsa (f) биржа birdʒa
cotação (m) das ações акциялар курсу aktsijalar kursu

tornar-se mais barato арзандоо arzandoo
tornar-se mais caro кымбаттоо kımbattoo

parte (f) үлүш ylyʃ
participação (f) maioritária башкаруучу пакет baʃkaruutʃu paket

investimento (m) салым salım
investir (vt) салым кылуу salım kıluu

percentagem (f)	пайыз	pajız
juros (m pl)	пайыз менен пайда	pajız menen pajda
lucro (m)	пайда	pajda
lucrativo	майнаптуу	majnaptuu
imposto (m)	салык	salık
divisa (f)	валюта	valʉta
nacional	улуттук	uluttuk
câmbio (m)	алмаштыруу	almaʃtıruu
contabilista (m)	бухгалтер	buχgalter
contabilidade (f)	бухгалтерия	buχgalterija
bancarrota (f)	кудуретсиздик	kuduretsizdik
falência (f)	кыйроо	kıjroo
ruína (f)	жакырдануу	dʒakırdanuu
arruinar-se (vr)	жакырдануу	dʒakırdanuu
inflação (f)	инфляция	inflʲatsija
desvalorização (f)	девальвация	devalʲvatsija
capital (m)	капитал	kapital
rendimento (m)	киреше	kireʃe
volume (m) de negócios	жүгүртүлүш	dʒygyrtylyʃ
recursos (m pl)	такоолдор	takooldor
recursos (m pl) financeiros	акча каражаттары	aktʃa karadʒattarı
despesas (f pl) gerais	кошумча чыгашалар	koʃumtʃa tʃıgaʃalar
reduzir (vt)	кыскартуу	kıskartuu

76. Marketing

marketing (m)	базар таануу	bazar taanuu
mercado (m)	базар	bazar
segmento (m) do mercado	базар сегменти	bazar segmenti
produto (m)	өнүм	ønym
mercadoria (f)	товар	tovar
marca (f)	соода маркасы	sooda markası
marca (f) comercial	соода маркасы	sooda markası
logotipo (m)	фирмалык белги	firmalık belgi
logo (m)	логотип	logotip
demanda (f)	талап	talap
oferta (f)	сунуш	sunuʃ
necessidade (f)	керек	kerek
consumidor (m)	керектөөчү	kerektøøtʃy
análise (f)	талдоо	taldoo
analisar (vt)	талдоо	taldoo
posicionamento (m)	турак табуу	turak tabuu
posicionar (vt)	турак табуу	turak tabuu
preço (m)	баа	baa
política (f) de preços	баа саясаты	baa sajasatı
formação (f) de preços	баа чыгаруу	baa tʃıgaruu

77. Publicidade

publicidade (f)	жарнама	dʒarnama
publicitar (vt)	жарнамалоо	dʒarnamaloo
orçamento (m)	бюджет	budʒet
anúncio (m) publicitário	жарнама	dʒarnama
publicidade (f) televisiva	теле жарнама	tele dʒarnama
publicidade (f) na rádio	радио жарнама	radio dʒarnama
publicidade (f) exterior	сырткы жарнама	sırtkı dʒarnama
comunicação (f) de massa	масс медия	mass medija
periódico (m)	мезгилдүү басылма	mezgildyy basılma
imagem (f)	имидж	imidʒ
slogan (m)	лозунг	lozung
mote (m), divisa (f)	ураан	uraan
campanha (f)	кампания	kampanija
companha (f) publicitária	жарнамалык кампания	dʒarnamalık kampanija
grupo (m) alvo	максаттуу топ	maksattuu top
cartão (m) de visita	таанытма	taanıtma
flyer (m)	баракча	baraktʃa
brochura (f)	китепче	kiteptʃe
folheto (m)	кат-кат китепче	kat-kat kiteptʃe
boletim (~ informativo)	бюллетень	bulletenʲ
letreiro (m)	көрнөк	kørnøk
cartaz, póster (m)	көрнөк	kørnøk
painel (m) publicitário	жарнамалык такта	dʒarnamalık takta

78. Banca

banco (m)	банк	bank
sucursal, balcão (f)	бөлүм	bølym
consultor (m)	кеңешчи	keŋeʃtʃi
gerente (m)	башкаруучу	baʃkaruutʃu
conta (f)	эсеп	esep
número (m) da conta	эсеп номери	esep nomeri
conta (f) corrente	учурдагы эсеп	utʃurdagı esep
conta (f) poupança	топтолмо эсеп	toptolmo esep
abrir uma conta	эсеп ачуу	esep atʃuu
fechar uma conta	эсеп жабуу	esep dʒabuu
depositar na conta	эсепке акча салуу	esepke aktʃa saluu
levantar (vt)	эсептен акча чыгаруу	esepten aktʃa tʃıgaruu
depósito (m)	аманат	amanat
fazer um depósito	аманат кылуу	amanat kıluu
transferência (f) bancária	акча которуу	aktʃa kotoruu

transferir (vt)	акча которуу	aktʃa kotoruu
soma (f)	сумма	summa
Quanto?	Канча?	kantʃa?
assinatura (f)	кол тамга	kol tamga
assinar (vt)	кол коюу	kol kojʉu
cartão (m) de crédito	насыя картасы	nasıja kartası
código (m)	код	kod
número (m) do cartão de crédito	насыя картанын номери	nasıja kartanın nomeri
Caixa Multibanco (m)	банкомат	bankomat
cheque (m)	чек	tʃek
passar um cheque	чек жазып берүү	tʃek dʒazıp beryy
livro (m) de cheques	чек китепчеси	tʃek kiteptʃesi
empréstimo (m)	насыя	nasıja
pedir um empréstimo	насыя үчүн кайрылуу	nasıja ytʃyn kajrıluu
obter um empréstimo	насыя алуу	nasıja aluu
conceder um empréstimo	насыя берүү	nasıja beryy
garantia (f)	кепилдик	kepildik

79. Telefone. Conversação telefónica

telefone (m)	телефон	telefon
telemóvel (m)	мобилдик	mobildik
secretária (f) electrónica	автоматтык жооп берүүчү	avtomattık dʒoop beryytʃy
fazer uma chamada	чалуу	tʃaluu
chamada (f)	чакыруу	tʃakıruu
marcar um número	номер терүү	nomer teryy
Alô!	Алло!	allo!
perguntar (vt)	суроо	suroo
responder (vt)	жооп берүү	dʒoop beryy
ouvir (vt)	угуу	uguu
bem	жакшы	dʒakʃı
mal	жаман	dʒaman
ruído (m)	ызы-чуу	ızı-tʃuu
auscultador (m)	трубка	trubka
pegar o telefone	трубканы алуу	trubkanı aluu
desligar (vi)	трубканы коюу	trubkanı kojʉu
ocupado	бош эмес	boʃ emes
tocar (vi)	шыңгыроо	ʃıŋgıroo
lista (f) telefónica	телефондук китепче	telefonduk kiteptʃe
local	жергиликтүү	dʒergiliktyy
chamada (f) local	жергиликтүү чакыруу	dʒergiliktyy tʃakıruu
de longa distância	шаар аралык	ʃaar aralık
chamada (f) de longa distância	шаар аралык чакыруу	ʃaar aralık tʃakıruu

internacional эл аралык el aralık
chamada (f) internacional эл аралык чакыруу el aralık tʃakıruu

80. Telefone móvel

telemóvel (m)	мобилдик	mobildik
ecrã (m)	дисплей	displej
botão (m)	баскыч	baskıtʃ
cartão SIM (m)	SIM-карта	sim-karta
bateria (f)	батарея	batareja
descarregar-se	зарядканын түгөнүүсү	zarʲadkanın tygønyysy
carregador (m)	заряддоочу шайман	zarʲaddootʃu ʃajman
menu (m)	меню	menʉ
definições (f pl)	орнотуулар	ornotuular
melodia (f)	обон	obon
escolher (vt)	тандоо	tandoo
calculadora (f)	калькулятор	kalʲkulʲator
correio (m) de voz	автоматтык жооп бергич	avtomattık dʒoop bergitʃ
despertador (m)	ойготкуч	ojgotkutʃ
contatos (m pl)	байланыштар	bajlanıʃtar
mensagem (f) de texto	SMS-кабар	esemes-kabar
assinante (m)	абонент	abonent

81. Estacionário

caneta (f)	калем сап	kalem sap
caneta (f) tinteiro	калем уч	kalem utʃ
lápis (m)	карандаш	karandaʃ
marcador (m)	маркер	marker
caneta (f) de feltro	фломастер	flomaster
bloco (m) de notas	дептерче	deptertʃe
agenda (f)	күндөлүк	kyndølyk
régua (f)	сызгыч	sızgıtʃ
calculadora (f)	калькулятор	kalʲkulʲator
borracha (f)	өчүргүч	øtʃyrgytʃ
pionés (m)	кнопка	knopka
clipe (m)	кыскыч	kıskıtʃ
cola (f)	желим	dʒelim
agrafador (m)	степлер	stepler
furador (m)	тешкич	teʃkitʃ
afia-lápis (m)	учтагыч	utʃtagıtʃ

82. Tipos de negócios

serviços (m pl) de contabilidade	бухгалтердик кызмат	buxgalterdik kızmat
publicidade (f)	жарнама	dʒarnama
agência (f) de publicidade	жарнама агенттиги	dʒarnama agenttigi
ar (m) condicionado	аба желдеткичтер	aba dʒeldetkitʃter
companhia (f) aérea	авиакомпания	aviakompanija
bebidas (f pl) alcoólicas	алкоголь ичимдиктери	alkogolʲ itʃimdikteri
comércio (m) de antiguidades	антиквариат	antikvariat
galeria (f) de arte	арт-галерея	art-galereja
serviços (m pl) de auditoria	аудиторлук кызмат	auditorluk kızmat
negócios (m pl) bancários	банк бизнеси	bank biznesi
bar (m)	бар	bar
salão (m) de beleza	сулуулук салону	suluuluk salonu
livraria (f)	китеп дүкөнү	kitep dykøny
cervejaria (f)	сыра чыгаруучу жай	sıra tʃıgaruutʃu dʒaj
centro (m) de escritórios	бизнес-борбор	biznes-borbor
escola (f) de negócios	бизнес-мектеп	biznes-mektep
casino (m)	казино	kazino
construção (f)	курулуш	kuruluʃ
serviços (m pl) de consultoria	консалтинг	konsalting
estomatologia (f)	стоматология	stomatologija
design (m)	дизайн	dizajn
farmácia (f)	дарыкана	darıkana
lavandaria (f)	химиялык тазалоо	ximijalık tazaloo
agência (f) de emprego	кадрдык агенттиги	kadrdık agenttigi
serviços (m pl) financeiros	каржылык кызматтар	kardʒılık kızmattar
alimentos (m pl)	азык-түлүк	azık-tylyk
agência (f) funerária	ырасым бюросу	ırasım bʉrosu
mobiliário (m)	эмерек	emerek
roupa (f)	кийим	kijim
hotel (m)	мейманкана	mejmankana
gelado (m)	бал муздак	bal muzdak
indústria (f)	өнөр-жай	ønør-dʒaj
seguro (m)	камсыздандыруу	kamsızdandıruu
internet (f)	интернет	internet
investimento (m)	салымдар	salımdar
joalheiro (m)	зергер	zerger
joias (f pl)	зер буюмдар	zer bujʉmdar
lavandaria (f)	кир жуу ишканасы	kir dʒuu iʃkanası
serviços (m pl) jurídicos	юридикалык кызматтар	juridikalık kızmattar
indústria (f) ligeira	жеңил өнөр-жай	dʒeŋil ønør-dʒaj
revista (f)	журнал	dʒurnal
vendas (f pl) por catálogo	каталог боюнча соода-сатык	katalog bojʉntʃa sooda-satık
medicina (f)	медицина	meditsina

cinema (m)	кинотеатр	kinoteatr
museu (m)	музей	muzej
agência (f) de notícias	жаңылыктар агенттиги	dʒaŋılıktar agenttigi
jornal (m)	гезит	gezit
clube (m) noturno	түнкү клуб	tyŋky klub
petróleo (m)	мунайзат	munajzat
serviço (m) de encomendas	чабармандык кызматы	tʃabarmandık kızmatı
indústria (f) farmacêutica	фармацевтика	farmatsevtika
poligrafia (f)	полиграфия	poligrafija
editora (f)	басмакана	basmakana
rádio (m)	үналгы	ynalgı
imobiliário (m)	кыймылсыз мүлк	kıjmılsız mylk
restaurante (m)	ресторан	restoran
empresa (f) de segurança	күзөт агенттиги	kyzøt agenttigi
desporto (m)	спорт	sport
bolsa (f)	биржа	birdʒa
loja (f)	дүкөн	dykøn
supermercado (m)	супермаркет	supermarket
piscina (f)	бассейн	bassejn
alfaiataria (f)	ателье	atelje
televisão (f)	телекөрсөтүү	telekørsøtyy
teatro (m)	театр	teatr
comércio (atividade)	соода	sooda
serviços (m pl) de transporte	ташып жеткирүү	taʃıp dʒetkiryy
viagens (f pl)	туризм	turizm
veterinário (m)	мал доктуру	mal dokturu
armazém (m)	кампа	kampa
recolha (f) do lixo	таштанды чыгаруу	taʃtandı tʃıgaruu

Emprego. Negócios. Parte 2

83. Espetáculo. Feira

feira (f)	көргөзмө	kørgøzmø
feira (f) comercial	соода көргөзмөсү	sooda kørgøzmøsy
participação (f)	катышуу	katıʃuu
participar (vi)	катышуу	katıʃuu
participante (m)	катышуучу	katıʃuutʃu
diretor (m)	директор	direktor
direção (f)	уюштуруу комитети	ujuʃturuu komiteti
organizador (m)	уюштуруучу	ujuʃturuutʃu
organizar (vt)	уюштуруу	ujuʃturuu
ficha (f) de inscrição	катышууга ынта билдирмеси	katıʃuuga ınta bildirmesi
preencher (vt)	толтуруу	tolturuu
detalhes (m pl)	ийне-жиби	ijne-dʒibi
informação (f)	маалымат	maalımat
preço (m)	баа	baa
incluindo	кошуп	koʃup
incluir (vt)	кошулган	koʃulgan
pagar (vt)	төлөө	tøløø
taxa (f) de inscrição	каттоо төгүмү	kattoo tøgymy
entrada (f)	кирүү	kiryy
pavilhão (m)	павильон	pavilʲon
inscrever (vt)	каттоо	kattoo
crachá (m)	төшбелги	tøʃbelgi
stand (m)	көргөзмө стенди	kørgøzmø stendi
reservar (vt)	камдык буйрутмалоо	kamdık bujrutmaloo
vitrina (f)	айнек стенд	ajnek stend
foco, spot (m)	чырак	tʃırak
design (m)	дизайн	dizajn
pôr, colocar (vt)	жайгаштыруу	dʒajgaʃtıruu
ser colocado, -a	жайгашуу	dʒajgaʃuu
distribuidor (m)	дистрибьютор	distribjutor
fornecedor (m)	жеткирип берүүчү	dʒetkirip beryytʃy
fornecer (vt)	жеткирип берүү	dʒetkirip beryy
país (m)	өлкө	ølkø
estrangeiro	чет өлкөлүк	tʃet ølkølyk
produto (m)	өнүм	ønym
associação (f)	ассоциация	assotsiatsija

sala (f) de conferências	конференц-зал	konferents-zal
congresso (m)	конгресс	kongress
concurso (m)	жарыш	dʒarıʃ
visitante (m)	келүүчү	kelyytʃy
visitar (vt)	баш багуу	baʃ baguu
cliente (m)	кардар	kardar

84. Ciência. Investigação. Cientistas

ciência (f)	илим	ilim
científico	илимий	ilimij
cientista (m)	илимпоз	ilimpoz
teoria (f)	теория	teorija
axioma (m)	аксиома	aksioma
análise (f)	талдоо	taldoo
analisar (vt)	талдоо	taldoo
argumento (m)	далил	dalil
substância (f)	зат	zat
hipótese (f)	гипотеза	gipoteza
dilema (m)	дилемма	dilemma
tese (f)	диссертация	dissertatsija
dogma (m)	догма	dogma
doutrina (f)	доктрина	doktrina
pesquisa (f)	изилдөө	izildøø
pesquisar (vt)	изилдөө	izildøø
teste (m)	сынак	sınak
laboratório (m)	лаборатория	laboratorija
método (m)	ыкма	ıkma
molécula (f)	молекула	molekula
monitoramento (m)	бейлөө	bejløø
descoberta (f)	таап ачуу	taap atʃuu
postulado (m)	постулат	postulat
princípio (m)	усул	usul
prognóstico (previsão)	божомол	bodʒomol
prognosticar (vt)	алдын ала айтуу	aldın ala ajtuu
síntese (f)	синтез	sintez
tendência (f)	умтулуу	umtuluu
teorema (m)	теорема	teorema
ensinamentos (m pl)	окуу	okuu
facto (m)	далил	dalil
expedição (f)	экспедиция	ekspeditsija
experiência (f)	тажрыйба	tadʒrıjba
académico (m)	академик	akademik
bacharel (m)	бакалавр	bakalavr
doutor (m)	доктор	doktor

docente (m)   доцент   dotsent
mestre (m)   магистр   magistr
professor (m) catedrático профессор   professor

Profissões e ocupações

85. Procura de emprego. Demissão

trabalho (m)	иш	iʃ
equipa (f)	жамаат	dʒamaat
pessoal (m)	жамаат курамы	dʒamaat kuramı
carreira (f)	мансап	mansap
perspetivas (f pl)	перспектива	perspektiva
mestria (f)	чеберчилик	tʃebertʃilik
seleção (f)	тандоо	tandoo
agência (f) de emprego	кадрдык агенттиги	kadrdık agenttigi
CV, currículo (m)	таржымал	tardʒımal
entrevista (f) de emprego	аңгемелешүү	aŋgemeleʃyy
vaga (f)	жумуш орун	dʒumuʃ orun
salário (m)	эмгек акы	emgek akı
salário (m) fixo	маяна	majana
pagamento (m)	акысын төлөө	akısın tøløø
posto (m)	кызмат орун	kızmat orun
dever (do empregado)	милдет	mildet
gama (f) de deveres	милдеттенмелер	mildettenmeler
ocupado	бош эмес	boʃ emes
despedir, demitir (vt)	бошотуу	boʃotuu
demissão (f)	бошотуу	boʃotuu
desemprego (m)	жумушсуздук	dʒumuʃsuzduk
desempregado (m)	жумушсуз	dʒumuʃsuz
reforma (f)	бааракы	baarakı
reformar-se	ардактуу эс алууга чыгуу	ardaktuu es aluuga tʃıguu

86. Gente de negócios

diretor (m)	директор	direktor
gerente (m)	башкаруучу	baʃkaruutʃu
patrão, chefe (m)	башкаруучу	baʃkaruutʃu
superior (m)	башчы	baʃtʃı
superiores (m pl)	башчылар	baʃtʃılar
presidente (m)	президент	prezident
presidente (m) de direção	төрага	tøraga
substituto (m)	орун басар	orun basar
assistente (m)	жардамчы	dʒardamtʃı

secretário (m)	катчы	kattʃı
secretário (m) pessoal	жеке катчы	dʒeke kattʃı
homem (m) de negócios	бизнесмен	biznesmen
empresário (m)	ишкер	iʃker
fundador (m)	негиздөөчү	negizdøøtʃy
fundar (vt)	негиздөө	negizdøø
fundador, sócio (m)	уюмдаштыруучу	ujɯmdaʃtıruutʃu
parceiro, sócio (m)	өнөктөш	ønøktøʃ
acionista (m)	акция кармоочу	aktsija karmootʃu
milionário (m)	миллионер	millioner
bilionário (m)	миллиардер	milliarder
proprietário (m)	ээси	eesi
proprietário (m) de terras	жер ээси	dʒer eesi
cliente (m)	кардар	kardar
cliente (m) habitual	туруктуу кардар	turuktuu kardar
comprador (m)	сатып алуучу	satıp aluutʃu
visitante (m)	келүүчү	kelyytʃy
profissional (m)	кесипкөй	kesipkøj
perito (m)	ишбилги	iʃbilgi
especialista (m)	адис	adis
banqueiro (m)	банкир	bankir
corretor (m)	далдалчы	daldaltʃı
caixa (m, f)	кассир	kassir
contabilista (m)	бухгалтер	buχgalter
guarda (m)	кароолчу	karooltʃu
investidor (m)	салым кошуучу	salım koʃuutʃu
devedor (m)	карыздар	karızdar
credor (m)	насыя алуучу	nasıja aluutʃu
mutuário (m)	карызга алуучу	karızga aluutʃu
importador (m)	импорттоочу	importtootʃu
exportador (m)	экспорттоочу	eksporttootʃu
produtor (m)	өндүрүүчү	øndyryytʃy
distribuidor (m)	дистрибьютор	distribjɯtor
intermediário (m)	ортомчу	ortomtʃu
consultor (m)	кеңешчи	keŋeʃtʃi
representante (m)	сатуу агенти	satuu agenti
agente (m)	агент	agent
agente (m) de seguros	камсыздандыруучу агент	kamsızdandıruutʃu agent

87. Profissões de serviços

cozinheiro (m)	ашпозчу	aʃpoztʃu
cozinheiro chefe (m)	башкы ашпозчу	baʃkı aʃpoztʃu

padeiro (m)	навайчы	navajtʃı
barman (m)	бармен	barmen
empregado (m) de mesa	официант	ofitsiant
empregada (f) de mesa	официант кыз	ofitsiant kız

advogado (m)	жактоочу	dʒaktootʃu
jurista (m)	юрист	jurist
notário (m)	нотариус	notarius

eletricista (m)	электрик	elektrik
canalizador (m)	сантехник	santeχnik
carpinteiro (m)	жыгач уста	dʒıgatʃ usta

massagista (m)	укалоочу	ukalootʃu
massagista (f)	укалоочу	ukalootʃu
médico (m)	доктур	doktur

taxista (m)	такси айдоочу	taksi ajdootʃu
condutor (automobilista)	айдоочу	ajdootʃu
entregador (m)	жеткирүүчү	dʒetkiryytʃy

camareira (f)	үй кызматкери	yj kızmatkeri
guarda (m)	кароолчу	karooltʃu
hospedeira (f) de bordo	стюардесса	stuardessa

professor (m)	мугалим	mugalim
bibliotecário (m)	китепканачы	kitepkanatʃı
tradutor (m)	котормочу	kotormotʃu
intérprete (m)	оозеки котормочу	oozeki kotormotʃu
guia (pessoa)	гид	gid

cabeleireiro (m)	чач тарач	tʃatʃ taratʃ
carteiro (m)	кат ташуучу	kat taʃuutʃu
vendedor (m)	сатуучу	satuutʃu

jardineiro (m)	багбанчы	bagbantʃı
criado (m)	үй кызматчы	yj kızmattʃı
criada (f)	үй кызматчы аял	yj kızmattʃı ajal
empregada (f) de limpeza	тазалагыч	tazalagıtʃ

88. Profissões militares e postos

soldado (m) raso	катардагы жоокер	katardagı dʒooker
sargento (m)	сержант	serdʒant
tenente (m)	лейтенант	lejtenant
capitão (m)	капитан	kapitan

major (m)	майор	major
coronel (m)	полковник	polkovnik
general (m)	генерал	general
marechal (m)	маршал	marʃal
almirante (m)	адмирал	admiral
militar (m)	аскер кызматчысы	asker kızmattʃısı
soldado (m)	аскер	asker

| oficial (m) | офицер | ofitser |
| comandante (m) | командир | komandir |

guarda (m) fronteiriço	чек арачы	tʃek aratʃı
operador (m) de rádio	радист	radist
explorador (m)	чалгынчы	tʃalgıntʃı
sapador (m)	сапёр	sapʲor
atirador (m)	аткыч	atkıtʃ
navegador (m)	штурман	ʃturman

89. Oficiais. Padres

| rei (m) | король, падыша | korolʲ, padıʃa |
| rainha (f) | ханыша | χanıʃa |

| príncipe (m) | канзаада | kanzaada |
| princesa (f) | ханбийке | χanbijke |

| czar (m) | падыша | padıʃa |
| czarina (f) | ханыша | χanıʃa |

presidente (m)	президент	prezident
ministro (m)	министр	ministr
primeiro-ministro (m)	премьер-министр	premjer-ministr
senador (m)	сенатор	senator

diplomata (m)	дипломат	diplomat
cônsul (m)	консул	konsul
embaixador (m)	элчи	eltʃi
conselheiro (m)	кеңешчи	keŋeʃtʃi

funcionário (m)	аткаминер	atkaminer
prefeito (m)	префект	prefekt
Presidente (m) da Câmara	мэр	mer

| juiz (m) | сот | sot |
| procurador (m) | прокурор | prokuror |

missionário (m)	миссионер	missioner
monge (m)	кечил	ketʃil
abade (m)	аббат	abbat
rabino (m)	раввин	ravvin

vizir (m)	визирь	vizirʲ
xá (m)	шах	ʃaχ
xeque (m)	шейх	ʃejχ

90. Profissões agrícolas

apicultor (m)	балчы	baltʃı
pastor (m)	чабан	tʃaban
agrónomo (m)	агроном	agronom

| criador (m) de gado | малчы | maltʃı |
| veterinário (m) | мал доктуру | mal dokturu |

agricultor (m)	фермер	fermer
vinicultor (m)	вино жасоочу	vino dʒasootʃu
zoólogo (m)	зоолог	zoolog
cowboy (m)	ковбой	kovboj

91. Profissões artísticas

| ator (m) | актёр | aktʲor |
| atriz (f) | актриса | aktrisa |

| cantor (m) | ырчы | ırtʃı |
| cantora (f) | ырчы кыз | ırtʃı kız |

| bailarino (m) | бийчи жигит | bijtʃi dʒigit |
| bailarina (f) | бийчи кыз | bijtʃi kız |

| artista (m) | аткаруучу | atkaruutʃu |
| artista (f) | аткаруучу | atkaruutʃu |

músico (m)	музыкант	muzıkant
pianista (m)	пианист	pianist
guitarrista (m)	гитарист	gitarist

maestro (m)	дирижёр	diridʒʲor
compositor (m)	композитор	kompozitor
empresário (m)	импресарио	impresario

realizador (m)	режиссёр	redʒissʲor
produtor (m)	продюсер	produser
argumentista (m)	сценарист	stsenarist
crítico (m)	сынчы	sıntʃı

escritor (m)	жазуучу	dʒazuutʃu
poeta (m)	акын	akın
escultor (m)	бедизчи	bediztʃi
pintor (m)	сүрөтчү	syrøttʃy

malabarista (m)	жонглёр	dʒonglʲor
palhaço (m)	маскарапоз	maskarapoz
acrobata (m)	акробат	akrobat
mágico (m)	көз боечу	køz boetʃu

92. Várias profissões

médico (m)	доктур	doktur
enfermeira (f)	медсестра	medsestra
psiquiatra (m)	психиатр	psiχiatr
estomatologista (m)	тиш доктур	tiʃ doktur
cirurgião (m)	хирург	χirurg

astronauta (m)	астронавт	astronavt
astrónomo (m)	астроном	astronom
piloto (m)	учкуч	utʃkutʃ

motorista (m)	айдоочу	ajdootʃu
maquinista (m)	машинист	maʃinist
mecânico (m)	механик	meχanik

mineiro (m)	кенчи	kentʃi
operário (m)	жумушчу	dʒumuʃtʃu
serralheiro (m)	слесарь	slesarʲ
marceneiro (m)	жыгач уста	dʒıgatʃ usta
torneiro (m)	токарь	tokarʲ
construtor (m)	куруучу	kuruutʃu
soldador (m)	ширеткич	ʃiretkitʃ

professor (m) catedrático	профессор	professor
arquiteto (m)	архитектор	arχitektor
historiador (m)	тарыхчы	tarıχtʃı
cientista (m)	илимпоз	ilimpoz
físico (m)	физик	fizik
químico (m)	химик	χimik

arqueólogo (m)	археолог	arχeolog
geólogo (m)	геолог	geolog
pesquisador (cientista)	изилдөөчү	izildøøtʃy

babysitter (f)	бала баккыч	bala bakkıtʃ
professor (m)	мугалим	mugalim

redator (m)	редактор	redaktor
redator-chefe (m)	башкы редактор	baʃkı redaktor
correspondente (m)	кабарчы	kabartʃı
datilógrafa (f)	машинистка	maʃinistka

designer (m)	дизайнер	dizajner
especialista (m) em informática	компьютер адиси	kompjʉter adisi
programador (m)	программист	programmist
engenheiro (m)	инженер	indʒener

marujo (m)	деңизчи	deŋiztʃi
marinheiro (m)	матрос	matros
salvador (m)	куткаруучу	kutkaruutʃu

bombeiro (m)	өрт өчүргүч	ørt øtʃyrgytʃ
polícia (m)	полиция кызматкери	politsija kızmatkeri
guarda-noturno (m)	кароолчу	karooltʃu
detetive (m)	аңдуучу	aŋduutʃu

funcionário (m) da alfândega	бажы кызматкери	badʒı kızmatkeri
guarda-costas (m)	жан сакчы	dʒan saktʃı
guarda (m) prisional	күзөтчү	kyzøtʃy
inspetor (m)	инспектор	inspektor
desportista (m)	спортчу	sporttʃu
treinador (m)	машыктыруучу	maʃıktıruutʃu

T&P Books. Vocabulário Português-Quirguiz - 5000 palavras

talhante (m)	касапчы	kasaptʃı
sapateiro (m)	өтүкчү	øtyktʃy
comerciante (m)	жеке соодагер	dʒeke soodager
carregador (m)	жүк ташуучу	dʒyk taʃuutʃu
estilista (m)	модельер	modeljer
modelo (f)	модель	modelʲ

93. Ocupações. Estatuto social

aluno, escolar (m)	окуучу	okuutʃu
estudante (~ universitária)	студент	student
filósofo (m)	философ	filosof
economista (m)	экономист	ekonomist
inventor (m)	ойлоп табуучу	ojlop tabuutʃu
desempregado (m)	жумушсуз	dʒumuʃsuz
reformado (m)	бааргер	baarger
espião (m)	тыңчы	tıŋtʃı
preso (m)	камактагы адам	kamaktagı adam
grevista (m)	иш калтыргыч	iʃ kaltırgıtʃ
burocrata (m)	бюрократ	bʉrokrat
viajante (m)	саякатчы	sajakattʃı
homossexual (m)	гомосексуалист	gomoseksualist
hacker (m)	хакер	χaker
hippie	хиппи	χippi
bandido (m)	ууру-кески	uuru-keski
assassino (m) a soldo	жалданма киши өлтүргүч	dʒaldanma kiʃi øltyrgytʃ
toxicodependente (m)	баңги	baŋgi
traficante (m)	баңгизат сатуучу	baŋgizat satuutʃu
prostituta (f)	сойку	sojku
chulo (m)	жан бакты	dʒan baktı
bruxo (m)	жадыгөй	dʒadıgøj
bruxa (f)	жадыгөй	dʒadıgøj
pirata (m)	деңиз каракчысы	deŋiz karaktʃısı
escravo (m)	кул	kul
samurai (m)	самурай	samuraj
selvagem (m)	жапайы	dʒapajı

Educação

94. Escola

escola (f)	мектеп	mektep
diretor (m) de escola	мектеп директору	mektep direktoru
aluno (m)	окуучу бала	okuuʧu bala
aluna (f)	окуучу кыз	okuuʧu kız
escolar (m)	окуучу	okuuʧu
escolar (f)	окуучу кыз	okuuʧu kız
ensinar (vt)	окутуу	okutuu
aprender (vt)	окуу	okuu
aprender de cor	жаттоо	ʤattoo
estudar (vi)	үйрөнүү	yjrønyy
andar na escola	мектепке баруу	mektepke baruu
ir à escola	окууга баруу	okuuga baruu
alfabeto (m)	алфавит	alfavit
disciplina (f)	сабак	sabak
sala (f) de aula	класс	klass
lição (f)	сабак	sabak
recreio (m)	танапис	tanapis
toque (m)	коңгуроо	koŋguroo
carteira (f)	парта	parta
quadro (m) negro	такта	takta
nota (f)	баа	baa
boa nota (f)	жакшы баа	ʤakʃı baa
nota (f) baixa	жаман баа	ʤaman baa
dar uma nota	баа коюу	baa kojɵu
erro (m)	ката	kata
fazer erros	ката кетирүү	kata ketiryy
corrigir (vt)	түзөтүү	tyzøtyy
cábula (f)	шпаргалка	ʃpargalka
dever (m) de casa	үй иши	yj iʃi
exercício (m)	көнүгүү	kønygyy
estar presente	катышуу	katıʃuu
estar ausente	келбей калуу	kelbej kaluu
faltar às aulas	сабактарды калтыруу	sabaktardı kaltıruu
punir (vt)	жазалоо	ʤazaloo
punição (f)	жаза	ʤaza
comportamento (m)	жүрүм-турум	ʤyrym-turum

boletim (m) escolar	күндөлүк	kyndølyk
lápis (m)	карандаш	karandaʃ
borracha (f)	өчүргүч	øtʃyrgytʃ
giz (m)	бор	bor
estojo (m)	калем салгыч	kalem salgıtʃ
pasta (f) escolar	портфель	portfelʲ
caneta (f)	калем сап	kalem sap
caderno (m)	дептер	depter
manual (m) escolar	китеп	kitep
compasso (m)	циркуль	tsırkulʲ
traçar (vt)	чийүү	tʃijyy
desenho (m) técnico	чийме	tʃijme
poesia (f)	ыр сап	ır sap
de cor	жатка	dʒatka
aprender de cor	жаттоо	dʒattoo
férias (f pl)	эс алуу	es aluu
estar de férias	эс алууда болуу	es aluuda boluu
passar as férias	эс алууну өткөзүү	es aluunu øtkøzyy
teste (m)	текшерүү иш	tekʃeryy iʃ
composição, redação (f)	дил баян	dil bajan
ditado (m)	жат жаздыруу	dʒat dʒazdıruu
exame (m)	экзамен	ekzamen
fazer exame	экзамен тапшыруу	ekzamen tapʃıruu
experiência (~ química)	тажрыйба	tadʒrıjba

95. Colégio. Universidade

academia (f)	академия	akademija
universidade (f)	университет	universitet
faculdade (f)	факультет	fakulʲtet
estudante (m)	студент бала	student bala
estudante (f)	студент кыз	student kız
professor (m)	мугалим	mugalim
sala (f) de palestras	дарскана	darskana
graduado (m)	окуу жайды бүтүрүүчү	okuu dʒajdı bytyryytʃy
diploma (m)	диплом	diplom
tese (f)	диссертация	dissertatsija
estudo (obra)	изилдөө	izildøø
laboratório (m)	лаборатория	laboratorija
palestra (f)	лекция	lektsija
colega (m) de curso	курсташ	kurstaʃ
bolsa (f) de estudos	стипендия	stipendija
grau (m) académico	илимий даража	ilimij daradʒa

96. Ciências. Disciplinas

matemática (f)	математика	matematika
álgebra (f)	алгебра	algebra
geometria (f)	геометрия	geometrija
astronomia (f)	астрономия	astronomija
biologia (f)	биология	biologija
geografia (f)	география	geografija
geologia (f)	геология	geologija
história (f)	тарых	tarıx
medicina (f)	медицина	meditsina
pedagogia (f)	педагогика	pedagogika
direito (m)	укук	ukuk
física (f)	физика	fizika
química (f)	химия	ximija
filosofia (f)	философия	filosofija
psicologia (f)	психология	psixologija

97. Sistema de escrita. Ortografia

gramática (f)	грамматика	grammatika
vocabulário (m)	лексика	leksika
fonética (f)	фонетика	fonetika
substantivo (m)	зат атооч	zat atootʃ
adjetivo (m)	сын атооч	sın atootʃ
verbo (m)	этиш	etiʃ
advérbio (m)	тактооч	taktootʃ
pronome (m)	ат атооч	at atootʃ
interjeição (f)	сырдык сөз	sırdık søz
preposição (f)	препозиция	prepozitsija
raiz (f) da palavra	сөздүн уңгусу	søzdyn uŋgusu
terminação (f)	жалгоо	dʒalgoo
prefixo (m)	префикс	prefiks
sílaba (f)	муун	muun
sufixo (m)	суффикс	suffiks
acento (m)	басым	basım
apóstrofo (m)	апостроф	apostrof
ponto (m)	чекит	tʃekit
vírgula (f)	үтүр	ytyr
ponto e vírgula (m)	чекитүү үтүр	tʃekityy ytyr
dois pontos (m pl)	кош чекит	koʃ tʃekit
reticências (f pl)	көп чекит	køp tʃekit
ponto (m) de interrogação	суроо белгиси	suroo belgisi
ponto (m) de exclamação	илеп белгиси	ilep belgisi

aspas (f pl)	тырмакча	tırmaktʃa
entre aspas	тырмакчага алынган	tırmaktʃaga alıngan
parênteses (m pl)	кашаа	kaʃaa
entre parênteses	кашаага алынган	kaʃaaga alıngan
hífen (m)	дефис	defis
travessão (m)	тире	tire
espaço (m)	аралык	aralık
letra (f)	тамга	tamga
letra (f) maiúscula	баш тамга	baʃ tamga
vogal (f)	үндүү тыбыш	yndyy tıbıʃ
consoante (f)	үнсүз тыбыш	ynsyz tıbıʃ
frase (f)	сүйлөм	syjløm
sujeito (m)	сүйлөмдүн ээси	syjləmdyn eesi
predicado (m)	баяндооч	bajandootʃ
linha (f)	сап	sap
em uma nova linha	жаңы сап	dʒaŋı sap
parágrafo (m)	абзац	abzats
palavra (f)	сөз	søz
grupo (m) de palavras	сөз айкашы	søz ajkaʃı
expressão (f)	туюнтма	tujuntma
sinónimo (m)	синоним	sinonim
antónimo (m)	антоним	antonim
regra (f)	эреже	eredʒe
exceção (f)	чектен чыгаруу	tʃekten tʃıgaruu
correto	туура	tuura
conjugação (f)	жактоо	dʒaktoo
declinação (f)	жөндөлүш	dʒøndølyʃ
caso (m)	жөндөмө	dʒøndømø
pergunta (f)	суроо	suroo
sublinhar (vt)	баса белгилөө	basa belgiløø
linha (f) pontilhada	пунктир	punktir

98. Línguas estrangeiras

língua (f)	тил	til
estrangeiro	чет	tʃet
língua (f) estrangeira	чет тил	tʃet til
estudar (vt)	окуу	okuu
aprender (vt)	үйрөнүү	yjrønyy
ler (vt)	окуу	okuu
falar (vi)	сүйлөө	syjløø
compreender (vt)	түшүнүү	tyʃynyy
escrever (vt)	жазуу	dʒazuu
rapidamente	тез	tez
devagar	жай	dʒaj

fluentemente	эркин	erkin
regras (f pl)	эрежелер	eredʒeler
gramática (f)	грамматика	grammatika
vocabulário (m)	лексика	leksika
fonética (f)	фонетика	fonetika

manual (m) escolar	китеп	kitep
dicionário (m)	сөздүк	søzdyk
manual (m) de autoaprendizagem	өзү үйрөткүч	øzy yjrøtkytʃ
guia (m) de conversação	тилачар	tilatʃar

cassete (f)	кассета	kasseta
vídeo cassete (m)	видеокассета	videokasseta
CD (m)	CD, компакт-диск	sidi, kompakt-disk
DVD (m)	DVD-диск	dividi-disk

alfabeto (m)	алфавит	alfavit
soletrar (vt)	эжелеп айтуу	edʒelep ajtuu
pronúncia (f)	айтылышы	ajtılıʃı

sotaque (m)	акцент	aktsent
com sotaque	акцент менен	aktsent menen
sem sotaque	акцентсиз	aktsentsiz

palavra (f)	сөз	søz
sentido (m)	маани	maani

cursos (m pl)	курстар	kurstar
inscrever-se (vr)	курска жазылуу	kurska dʒazıluu
professor (m)	окутуучу	okutuutʃu

tradução (processo)	которуу	kotoruu
tradução (texto)	котормо	kotormo
tradutor (m)	котормочу	kotormotʃu
intérprete (m)	оозеки котормочу	oozeki kotormotʃu

poliglota (m)	полиглот	poliglot
memória (f)	эс тутум	es tutum

Descanso. Entretenimento. Viagens

99. Viagens

turismo (m)	туризм	turizm
turista (m)	турист	turist
viagem (f)	саякат	sajakat
aventura (f)	укмуштуу окуя	ukmuʃtuu okuja
viagem (f)	сапар	sapar
férias (f pl)	дем алыш	dem alıʃ
estar de férias	дем алышка чыгуу	dem alıʃka tʃıguu
descanso (m)	эс алуу	es aluu
comboio (m)	поезд	poezd
de comboio (chegar ~)	поезд менен	poezd menen
avião (m)	учак	utʃak
de avião	учакта	utʃakta
de carro	автомобилде	avtomobilde
de navio	кемеде	kemede
bagagem (f)	жүк	dʒyk
mala (f)	чемодан	tʃemodan
carrinho (m)	араба	araba
passaporte (m)	паспорт	pasport
visto (m)	виза	viza
bilhete (m)	билет	bilet
bilhete (m) de avião	авиабилет	aviabilet
guia (m) de viagem	жол көрсөткүч	dʒol kørsøtkytʃ
mapa (m)	карта	karta
local (m), area (f)	жай	dʒaj
lugar, sítio (m)	жер	dʒer
exotismo (m)	экзотика	ekzotika
exótico	экзотикалуу	ekzotikaluu
surpreendente	ажайып	adʒajıp
grupo (m)	топ	top
excursão (f)	экскурсия	ekskursija
guia (m)	экскурсия жетекчиси	ekskursija dʒetektʃisi

100. Hotel

hotel (m), pensão (f)	мейманкана	mejmankana
motel (m)	мотель	motelʲ
três estrelas	үч жылдыздуу	ytʃ dʒıldızduu

cinco estrelas	беш жылдыздуу	beʃ dʒıldızduu
ficar (~ num hotel)	токтоо	toktoo

quarto (m)	номер	nomer
quarto (m) individual	бир орундуу	bir orunduu
quarto (m) duplo	эки орундуу	eki orunduu
reservar um quarto	номерди камдык буйрутмалоо	nomerdi kamdık bujrutmaloo

meia pensão (f)	жарым пансион	dʒarım pansion
pensão (f) completa	толук пансион	toluk pansion

com banheira	ваннасы менен	vannası menen
com duche	душ менен	duʃ menen
televisão (m) satélite	спутник	sputnik
ar (m) condicionado	аба желдеткич	aba dʒeldetkitʃ
toalha (f)	сүлгү	sylgy
chave (f)	ачкыч	atʃkıtʃ

administrador (m)	администратор	administrator
camareira (f)	үй кызматкери	yj kızmatkeri
bagageiro (m)	жүк ташуучу	dʒyk taʃuutʃu
porteiro (m)	эшик ачуучу	eʃik atʃuutʃu

restaurante (m)	ресторан	restoran
bar (m)	бар	bar
pequeno-almoço (m)	таңкы тамак	taŋkı tamak
jantar (m)	кечки тамак	ketʃki tamak
buffet (m)	шведче стол	ʃvedtʃe stol

hall (m) de entrada	вестибюль	vestibulʲ
elevador (m)	лифт	lift

NÃO PERTURBE	ТЫНЧЫБЫЗДЫ АЛБАГЫЛА!	tıntʃıbızdı albagıla!
PROIBIDO FUMAR!	ТАМЕКИ ЧЕГҮҮГӨ БОЛБОЙТ!	tameki tʃegyygø bolbojt!

EQUIPAMENTO TÉCNICO. TRANSPORTES

Equipamento técnico. Transportes

101. Computador

computador (m)	компьютер	kompjuter
portátil (m)	ноутбук	noutbuk
ligar (vt)	күйгүзүү	kyjgyzyy
desligar (vt)	өчүрүү	øtʃyryy
teclado (m)	ариптакта	ariptakta
tecla (f)	баскыч	baskıtʃ
rato (m)	чычкан	tʃıtʃkan
tapete (m) de rato	килемче	kilemtʃe
botão (m)	баскыч	baskıtʃ
cursor (m)	курсор	kursor
monitor (m)	монитор	monitor
ecrã (m)	экран	ekran
disco (m) rígido	катуу диск	katuu disk
capacidade (f) do disco rígido	катуу дисктин көлөмү	katuu disktin kølømy
memória (f)	эс тутум	es tutum
memória RAM (f)	оперативдик эс тутум	operativdik es tutum
ficheiro (m)	файл	fajl
pasta (f)	папка	papka
abrir (vt)	ачуу	atʃuu
fechar (vt)	жабуу	dʒabuu
guardar (vt)	сактоо	saktoo
apagar, eliminar (vt)	жок кылуу	dʒok kıluu
copiar (vt)	көчүрүү	køtʃyryy
ordenar (vt)	иреттөө	irettøø
copiar (vt)	өткөрүү	øtkøryy
programa (m)	программа	programma
software (m)	программалык	programmalık
programador (m)	программист	programmist
programar (vt)	программалаштыруу	programmalaʃtıruu
hacker (m)	хакер	χaker
senha (f)	сырсөз	sırsøz
vírus (m)	вирус	virus
detetar (vt)	издеп табуу	izdep tabuu
byte (m)	байт	bajt

megabyte (m)	мегабайт	megabajt
dados (m pl)	маалыматтар	maalımattar
base (f) de dados	маалымат базасы	maalımat bazası
cabo (m)	кабель	kabelʲ
desconectar (vt)	ажыратуу	adʒıratuu
conetar (vt)	туташтыруу	tutaʃtıruu

102. Internet. E-mail

internet (f)	интернет	internet
browser (m)	браузер	brauzer
motor (m) de busca	издөө аспабы	izdøø aspabı
provedor (m)	провайдер	provajder
webmaster (m)	веб-мастер	web-master
website, sítio web (m)	веб-сайт	web-sajt
página (f) web	веб-баракча	web-baraktʃa
endereço (m)	дарек	darek
livro (m) de endereços	дарек китепчеси	darek kiteptʃesi
caixa (f) de correio	почта ящиги	potʃta jaʃtʃigi
correio (m)	почта	potʃta
cheia (caixa de correio)	толуп калган	tolup kalgan
mensagem (f)	кабар	kabar
mensagens (f pl) recebidas	келген кабарлар	kelgen kabarlar
mensagens (f pl) enviadas	жөнөтүлгөн кабарлар	dʒønøtylgøn kabarlar
remetente (m)	жөнөтүүчү	dʒønøtyytʃy
enviar (vt)	жөнөтүү	dʒønøtyy
envio (m)	жөнөтүү	dʒønøtyy
destinatário (m)	алуучу	aluutʃu
receber (vt)	алуу	aluu
correspondência (f)	жазышуу	dʒazıʃuu
corresponder-se (vr)	жазышуу	dʒazıʃuu
ficheiro (m)	файл	fajl
fazer download, baixar	жүктөө	dʒyktøø
criar (vt)	жаратуу	dʒaratuu
apagar, eliminar (vt)	жок кылуу	dʒok kıluu
eliminado	жок кылынган	dʒok kılıngan
conexão (f)	байланыш	bajlanıʃ
velocidade (f)	ылдамдык	ıldamdık
modem (m)	модем	modem
acesso (m)	жеткирилүү	dʒetkirilyy
porta (f)	порт	port
conexão (f)	туташуу	tutaʃuu
conetar (vi)	... туташуу	... tutaʃuu

escolher (vt)   тандоо   tandoo
buscar (vt)   ... издее   ... izdøø

103. Eletricidade

eletricidade (f)	электр кубаты	elektr kubatı
elétrico	электрикалык	elektrikalık
central (f) elétrica	электростанция	elektrostantsija
energia (f)	энергия	energija
energia (f) elétrica	электр кубаты	elektr kubatı
lâmpada (f)	лампочка	lampotʃka
lanterna (f)	шам	ʃam
poste (m) de iluminação	шам	ʃam
luz (f)	жарык	dʒarık
ligar (vt)	күйгүзүү	kyjgyzyy
desligar (vt)	өчүрүү	øtʃyryy
apagar a luz	жарыкты өчүрүү	dʒarıktı øtʃyryy
fundir (vi)	күйүп кетүү	kyjyp ketyy
curto-circuito (m)	кыска туташуу	kıska tutaʃuu
rutura (f)	үзүлүү	yzylyy
contacto (m)	контакт	kontakt
interruptor (m)	өчүргүч	øtʃyrgytʃ
tomada (f)	розетка	rozetka
ficha (f)	сайгыч	sajgıtʃ
extensão (f)	узарткыч	uzartkıtʃ
fusível (m)	эриме сактагыч	erime saktagıtʃ
fio, cabo (m)	зым	zım
instalação (f) elétrica	электр зымы	elektr zımı
ampere (m)	ампер	amper
amperagem (f)	токтун күчү	toktun kytʃy
volt (m)	вольт	vol't
voltagem (f)	чыңалуу	tʃıŋaluu
aparelho (m) elétrico	электр алет	elektr alet
indicador (m)	көрсөткүч	kørsøtkytʃ
eletricista (m)	электрик	elektrik
soldar (vt)	кандоо	kaŋdoo
ferro (m) de soldar	кандагыч аспап	kaŋdagıtʃ aspap
corrente (f) elétrica	электр тогу	elektr togu

104. Ferramentas

ferramenta (f)	аспап	aspap
ferramentas (f pl)	аспаптар	aspaptar
equipamento (m)	жабдуу	dʒabduu

martelo (m)	балка	balka
chave (f) de fendas	бурагыч	buragıtʃ
machado (m)	балта	balta
serra (f)	араа	araa
serrar (vt)	аралоо	araloo
plaina (f)	тактай сүргүч	taktaj syrgytʃ
aplainar (vt)	сүрүү	syryy
ferro (m) de soldar	кандагыч аспап	kaŋdagıtʃ aspap
soldar (vt)	кандоо	kaŋdoo
lima (f)	өгөө	øgøø
tenaz (f)	аттиш	attiʃ
alicate (m)	жалпак тиштүү кычкач	dʒalpak tiʃtyy kıtʃkatʃ
formão (m)	тешкич	teʃkitʃ
broca (f)	бургу	burgu
berbequim (f)	үшкү	yʃky
furar (vt)	бургулап тешүү	burgulap teʃyy
faca (f)	бычак	bıtʃak
canivete (m)	чөнтөк бычак	tʃøntøk bıtʃak
lâmina (f)	миз	miz
afiado	курч	kurtʃ
cego	мокок	mokok
embotar-se (vr)	мокотулуу	mokotuluu
afiar, amolar (vt)	курчутуу	kurtʃutuu
parafuso (m)	буроо	buroo
porca (f)	бурама	burama
rosca (f)	бураманын сайы	buramanın sajı
parafuso (m) para madeira	буроо мык	buroo mık
prego (m)	мык	mık
cabeça (f) do prego	баш	baʃ
régua (f)	сызгыч	sızgıtʃ
fita (f) métrica	рулетка	ruletka
nível (m)	деңгээл	deŋgeel
lupa (f)	чоңойтуч	tʃoŋojtutʃ
medidor (m)	ченөөчү аспап	tʃenøøtʃy aspap
medir (vt)	ченөө	tʃenøø
escala (f)	шкала	ʃkala
indicação (f), registo (m)	көрсөтүү ченем	kørsøtyy tʃenem
compressor (m)	компрессор	kompressor
microscópio (m)	микроскоп	mikroskop
bomba (f)	соргу	sorgu
robô (m)	робот	robot
laser (m)	лазер	lazer
chave (f) de boca	гайка ачкычы	gajka atʃkıtʃı
fita (f) adesiva	жабышкак тасма	dʒabıʃkak tasma

cola (f)	желим	dʒelim
lixa (f)	кум кагаз	kum kagaz
mola (f)	серпилгич	serpilgitʃ
íman (m)	магнит	magnit
luvas (f pl)	колкап	kolkap

corda (f)	аркан	arkan
cordel (m)	жип	dʒip
fio (m)	зым	zım
cabo (m)	кабель	kabelʲ

marreta (f)	барскан	barskan
pé de cabra (m)	лом	lom
escada (f) de mão	шаты	ʃatı
escadote (m)	кичинекей шаты	kitʃinekej ʃatı

enroscar (vt)	бурап бекитүү	burap bekityy
desenroscar (vt)	бурап чыгаруу	burap tʃıgaruu
apertar (vt)	кысуу	kısuu
colar (vt)	жабыштыруу	dʒabıʃtıruu
cortar (vt)	кесүү	kesyy

falha (mau funcionamento)	бузулгандык	buzulgandık
conserto (m)	оңдоо	oŋdoo
consertar, reparar (vt)	оңдоо	oŋdoo
regular, ajustar (vt)	тууралоо	tuuraloo

verificar (vt)	текшерүү	tekʃeryy
verificação (f)	текшерүү	tekʃeryy
indicação (f), registo (m)	көрсөтүү ченем	kørsøtyy tʃenem

seguro	ишеничтүү	iʃenitʃtyy
complicado	кыйын	kıjın

enferrujar (vi)	дат басуу	dat basuu
enferrujado	дат баскан	dat baskan
ferrugem (f)	дат	dat

Transportes

105. Avião

avião (m)	учак	utʃak
bilhete (m) de avião	авиабилет	aviabilet
companhia (f) aérea	авиакомпания	aviakompanija
aeroporto (m)	аэропорт	aeroport
supersónico	сверхзвуковой	sverχzvukovoj
comandante (m) do avião	кеме командири	keme komandiri
tripulação (f)	экипаж	ekipadʒ
piloto (m)	учкуч	utʃkutʃ
hospedeira (f) de bordo	стюардесса	stɯardessa
copiloto (m)	штурман	ʃturman
asas (f pl)	канаттар	kanattar
cauda (f)	куйрук	kujruk
cabine (f) de pilotagem	кабина	kabina
motor (m)	кыймылдаткыч	kıjmıldatkıtʃ
trem (m) de aterragem	шасси	ʃassi
turbina (f)	турбина	turbina
hélice (f)	пропеллер	propeller
caixa-preta (f)	кара куту	kara kutu
coluna (f) de controlo	штурвал	ʃturval
combustível (m)	күйүүчү май	kyjyytʃy may
instruções (f pl) de segurança	коопсуздук көрсөтмөсү	koopsuzduk kørsøtmøsy
máscara (f) de oxigénio	кислород чүмбөтү	kislorod tʃymbøty
uniforme (m)	бир беткей кийим	bir betkey kijim
colete (m) salva-vidas	куткаруучу күрмө	kutkaruutʃu kyrmø
paraquedas (m)	парашют	paraʃɯt
descolagem (f)	учуп көтөрүлүү	utʃup køtørylyy
descolar (vi)	учуп көтөрүлүү	utʃup køtørylyy
pista (f) de descolagem	учуп чыгуу тилкеси	utʃup tʃıguu tilkesi
visibilidade (f)	көрүнүш	kørynyʃ
voo (m)	учуу	utʃuu
altura (f)	бийиктик	bijiktik
poço (m) de ar	аба чуңкуру	aba tʃyŋkuru
assento (m)	орун	orun
auscultadores (m pl)	кулакчын	kulaktʃın
mesa (f) rebatível	бүктөлмө стол	byktølmø stol
vigia (f)	иллюминатор	illɯminator
passagem (f)	өтмөк	øtmøk

106. Comboio

comboio (m)	поезд	poezd
comboio (m) suburbano	электричка	elektritʃka
comboio (m) rápido	бат жүрүүчү поезд	bat dʒyryytʃy poezd
locomotiva (f) diesel	тепловоз	teplovoz
locomotiva (f) a vapor	паровоз	parovoz
carruagem (f)	вагон	vagon
carruagem restaurante (f)	вагон-ресторан	vagon-restoran
carris (m pl)	рельсалар	relʲsalar
caminho de ferro (m)	темир жолу	temir dʒolu
travessa (f)	шпала	ʃpala
plataforma (f)	платформа	platforma
linha (f)	жол	dʒol
semáforo (m)	семафор	semafor
estação (f)	бекет	beket
maquinista (m)	машинист	maʃinist
bagageiro (m)	жүк ташуучу	dʒuk taʃuutʃu
hospedeiro, -a (da carruagem)	проводник	provodnik
passageiro (m)	жүргүнчү	dʒyrgyntʃy
revisor (m)	текшерүүчү	tekʃeryytʃy
corredor (m)	коридор	koridor
freio (m) de emergência	стоп-кран	stop-kran
compartimento (m)	купе	kupe
cama (f)	текче	tektʃe
cama (f) de cima	үстүңкү текче	ystyŋky tektʃe
cama (f) de baixo	ылдыйкы текче	ıldıjkı tektʃe
roupa (f) de cama	жууркан-төшөк	dʒuurkan-tøʃøk
bilhete (m)	билет	bilet
horário (m)	ырааттама	ıraattama
painel (m) de informação	табло	tablo
partir (vt)	жөнөө	dʒønøø
partida (f)	жөнөө	dʒønøø
chegar (vi)	келүү	kelyy
chegada (f)	келүү	kelyy
chegar de comboio	поезд менен келүү	poezd menen kelyy
apanhar o comboio	поездге отуруу	poezdge oturuu
sair do comboio	поездден түшүү	poezdden tyʃyy
acidente (m) ferroviário	кыйроо	kıjroo
descarrilar (vi)	рельсадан чыгып кетүү	relʲsadan tʃıgıp ketyy
locomotiva (f) a vapor	паровоз	parovoz
fogueiro (m)	от жагуучу	ot dʒaguutʃu
fornalha (f)	меш	meʃ
carvão (m)	көмүр	kømyr

107. Barco

navio (m)	кеме	keme
embarcação (f)	кеме	keme

vapor (m)	пароход	paroxod
navio (m)	теплоход	teploxod
transatlântico (m)	лайнер	lajner
cruzador (m)	крейсер	krejser

iate (m)	яхта	jaxta
rebocador (m)	буксир	buksir
barcaça (f)	баржа	bardʒa
ferry (m)	паром	parom

veleiro (m)	парус	parus
bergantim (m)	бригантина	brigantina

quebra-gelo (m)	муз жаргыч кеме	muz dʒargıtʃ keme
submarino (m)	суу астында жүрүүчү кеме	suu astında dʒyryytʃy keme

bote, barco (m)	кайык	kajık
bote, dingue (m)	шлюпка	ʃlʉpka
bote (m) salva-vidas	куткаруу шлюпкасы	kutkaruu ʃlʉpkası
lancha (f)	катер	kater

capitão (m)	капитан	kapitan
marinheiro (m)	матрос	matros
marujo (m)	деңизчи	deŋiztʃi
tripulação (f)	экипаж	ekipadʒ

contramestre (m)	боцман	botsman
grumete (m)	юнга	jʉnga
cozinheiro (m) de bordo	кок	kok
médico (m) de bordo	кеме доктуру	keme dokturu

convés (m)	палуба	paluba
mastro (m)	мачта	matʃta
vela (f)	парус	parus

porão (m)	трюм	trʉm
proa (f)	тумшук	tumʃuk
popa (f)	кеменин арткы бөлүгү	kemenin artkı bølygy
remo (m)	калак	kalak
hélice (f)	винт	vint

camarote (m)	каюта	kajʉta
sala (f) dos oficiais	кают-компания	kajʉt-kompanija
sala (f) das máquinas	машина бөлүгү	maʃina bølygy
ponte (m) de comando	капитан мостиги	kapitan mostigi
sala (f) de comunicações	радиорубка	radiorubka
onda (f) de rádio	толкун	tolkun
diário (m) de bordo	кеме журналы	keme dʒurnalı
luneta (f)	дүрбү	dyrby

sino (m)	коңгуроо	koŋguroo
bandeira (f)	байрак	bajrak
cabo (m)	аркан	arkan
nó (m)	түйүн	tyjyn
corrimão (m)	туткуч	tutkutʃ
prancha (f) de embarque	трап	trap
âncora (f)	кеме казык	keme kazık
recolher a âncora	кеме казыкты көтөрүү	keme kazıktı køtøryy
lançar a âncora	кеме казыкты таштоо	keme kazıktı taʃtoo
amarra (f)	казык чынжыры	kazık tʃındʒırı
porto (m)	порт	port
cais, amarradouro (m)	причал	pritʃal
atracar (vi)	келип токтоо	kelip toktoo
desatracar (vi)	жээктен алыстоо	dʒeekten alıstoo
viagem (f)	саякат	sajakat
cruzeiro (m)	деңиз саякаты	deŋiz sajakatı
rumo (m), rota (f)	курс	kurs
itinerário (m)	каттам	kattam
canal (m) navegável	фарватер	farvater
banco (m) de areia	тайыз жер	tajız dʒer
encalhar (vt)	тайыз жерге отуруу	tajız dʒerge oturuu
tempestade (f)	бороон чапкын	boroon tʃapkın
sinal (m)	сигнал	signal
afundar-se (vr)	чөгүү	tʃøgyy
Homem ao mar!	Сууда адам бар!	suuda adam bar!
SOS	SOS	sos
boia (f) salva-vidas	куткаруучу тегерек	kutkaruutʃu tegerek

108. Aeroporto

aeroporto (m)	аэропорт	aeroport
avião (m)	учак	utʃak
companhia (f) aérea	авиакомпания	aviakompanija
controlador (m) de tráfego aéreo	авиадиспетчер	aviadispettʃer
partida (f)	учуп кетүү	utʃup ketyy
chegada (f)	учуп келүү	utʃup kelyy
chegar (~ de avião)	учуп келүү	utʃup kelyy
hora (f) de partida	учуп кетүү убактысы	utʃup ketyy ubaktısı
hora (f) de chegada	учуп келүү убактысы	utʃup kelyy ubaktısı
estar atrasado	кармалуу	karmaluu
atraso (m) de voo	учуп кетүүнүн кечигиши	utʃup ketyynyn ketʃigiʃi
painel (m) de informação	маалымат таблосу	maalımat tablosu
informação (f)	маалымат	maalımat

anunciar (vt)	кулактандыруу	kulaktandıruu
voo (m)	рейс	rejs
alfândega (f)	бажыкана	badʒıkana
funcionário (m) da alfândega	бажы кызматкери	badʒı kızmatkeri
declaração (f) alfandegária	бажы декларациясы	badʒı deklaratsijası
preencher (vt)	толтуруу	tolturuu
preencher a declaração	декларация толтуруу	deklaratsija tolturuu
controlo (m) de passaportes	паспорт текшерүү	pasport tekʃeryy
bagagem (f)	жүк	dʒyk
bagagem (f) de mão	кол жүгү	kol dʒygy
carrinho (m)	араба	araba
aterragem (f)	конуу	konuu
pista (f) de aterragem	конуу тилкеси	konuu tilkesi
aterrar (vi)	конуу	konuu
escada (f) de avião	трап	trap
check-in (m)	катталуу	kattaluu
balcão (m) do check-in	каттоо стойкасы	kattoo stojkası
fazer o check-in	катталуу	kattaluu
cartão (m) de embarque	отуруу үчүн талон	oturuu ytʃyn talon
porta (f) de embarque	чыгуу	tʃıguu
trânsito (m)	транзит	tranzit
esperar (vi, vt)	күтүү	kytyy
sala (f) de espera	күтүү залы	kutyy zalı
despedir-se de ...	узатуу	uzatuu
despedir-se (vr)	коштошуу	koʃtoʃuu

Eventos

109. Férias. Evento

Português	Quirguiz (Cirílico)	Quirguiz (Latino)
festa (f)	майрам	majram
festa (f) nacional	улуттук	uluttuk
feriado (m)	майрам күнү	majram kyny
festejar (vt)	майрамдоо	majramdoo
evento (festa, etc.)	окуя	okuja
evento (banquete, etc.)	иш-чара	iʃ-tʃara
banquete (m)	банкет	banket
receção (f)	кабыл алуу	kabıl aluu
festim (m)	той	toj
aniversário (m)	жылдык	dʒıldık
jubileu (m)	юбилей	jʉbilej
celebrar (vt)	белгилөө	belgilöö
Ano (m) Novo	Жаны жыл	dʒanı dʒıl
Feliz Ano Novo!	Жаны Жылыңар менен!	dʒanı dʒılıŋar menen!
Pai (m) Natal	Аяз ата, Санта Клаус	ajaz ata, santa klaus
Natal (m)	Рождество	rodʒdestvo
Feliz Natal!	Рождество майрамыңыз менен!	rodʒdestvo majramıŋız menen!
árvore (f) de Natal	Жаңы жылдык балаты	dʒaŋı dʒıldık balatı
fogo (m) de artifício	салют	salʉt
boda (f)	үйлөнүү той	yjlönyy toy
noivo (m)	күйөө	kyjöö
noiva (f)	колукту	koluktu
convidar (vt)	чакыруу	tʃakıruu
convite (m)	чакыруу	tʃakıruu
convidado (m)	конок	konok
visitar (vt)	конокко баруу	konokko baruu
receber os hóspedes	конок тосуу	konok tosuu
presente (m)	белек	belek
oferecer (vt)	белек берүү	belek beryy
receber presentes	белек алуу	belek aluu
ramo (m) de flores	десте	deste
felicitações (f pl)	куттуктоо	kuttuktoo
felicitar (dar os parabéns)	куттуктоо	kuttuktoo
cartão (m) de parabéns	куттуктоо ачык каты	kuttuktoo atʃık katı
enviar um postal	ачык катты жөнөтүү	atʃık kattı dʒönötyy

receber um postal	ачык катты алуу	atʃık kattı aluu
brinde (m)	каалоо тилек	kaaloo tilek
oferecer (vt)	ооз тийгизүү	ooz tijgizyy
champanhe (m)	шампан	ʃampan
divertir-se (vr)	көңүл ачуу	køŋyl atʃuu
diversão (f)	көңүлдүүлүк	køŋyldyylyk
alegria (f)	кубаныч	kubanıtʃ
dança (f)	бий	bij
dançar (vi)	бийлөө	bijløø
valsa (f)	вальс	valʲs
tango (m)	танго	tango

110. Funerais. Enterro

cemitério (m)	мүрзө	myrzø
sepultura (f), túmulo (m)	мүрзө	myrzø
cruz (f)	крест	krest
lápide (f)	мүрзө үстүндөгү жазуу	myrzø ystyndøgy dʒazuu
cerca (f)	тосмо	tosmo
capela (f)	кичинекей чиркөө	kitʃinekej tʃirkøø
morte (f)	өлүм	ølym
morrer (vi)	өлүү	ølyy
defunto (m)	маркум	markum
luto (m)	аза	aza
enterrar, sepultar (vt)	көмүү	kømyy
agência (f) funerária	ырасым бюросу	ırasım bʉrosu
funeral (m)	сөөк узатуу жана көмүү	søøk uzatuu dʒana kømyy
coroa (f) de flores	гүлчамбар	gyltʃambar
caixão (m)	табыт	tabıt
carro (m) funerário	катафалк	katafalk
mortalha (f)	кепин	kepin
procissão (f) funerária	узатуу журушу	uzatuu dʒyryʃy
urna (f) funerária	сөөк күлдүн кутусу	søøk kyldyn kutusu
crematório (m)	крематорий	krematorij
obituário (m), necrologia (f)	некролог	nekrolog
chorar (vi)	ыйлоо	ıjloo
soluçar (vi)	боздоп ыйлоо	bozdop ıjloo

111. Guerra. Soldados

pelotão (m)	взвод	vzvod
companhia (f)	рота	rota
regimento (m)	полк	polk
exército (m)	армия	armija

divisão (f)	дивизия	divizija
destacamento (m)	отряд	otrʲad
hoste (f)	куралдуу аскер	kuralduu asker
soldado (m)	аскер	asker
oficial (m)	офицер	ofitser
soldado (m) raso	катардагы жоокер	katardagı dʒooker
sargento (m)	сержант	serdʒant
tenente (m)	лейтенант	lejtenant
capitão (m)	капитан	kapitan
major (m)	майор	major
coronel (m)	полковник	polkovnik
general (m)	генерал	general
marujo (m)	деңизчи	deŋiztʃi
capitão (m)	капитан	kapitan
contramestre (m)	боцман	botsman
artilheiro (m)	артиллерист	artillerist
soldado (m) paraquedista	десантник	desantnik
piloto (m)	учкуч	utʃkutʃ
navegador (m)	штурман	ʃturman
mecânico (m)	механик	meχanik
sapador (m)	сапёр	sapʲor
paraquedista (m)	парашютист	paraʃutist
explorador (m)	чалгынчы	tʃalgıntʃı
franco-atirador (m)	көзатар	køzatar
patrulha (f)	жол-күзөт	dʒol-kyzøt
patrulhar (vt)	жол-күзөткө чыгуу	dʒol-kyzøtkø tʃiguu
sentinela (f)	сакчы	saktʃı
guerreiro (m)	жоокер	dʒooker
patriota (m)	мекенчил	mekentʃil
herói (m)	баатыр	baatır
heroína (f)	баатыр айым	baatır ajım
traidor (m)	чыккынчы	tʃıkkıntʃı
trair (vt)	кыянаттык кылуу	kıjanattık kıluu
desertor (m)	качкын	katʃkın
desertar (vt)	качуу	katʃuu
mercenário (m)	жалданма	dʒaldanma
recruta (m)	жаңы алынган аскер	dʒaŋı alıngan asker
voluntário (m)	ыктыярчы	ıktıjartʃı
morto (m)	өлтүрүлгөн	øltyrylgøn
ferido (m)	жарадар	dʒaradar
prisioneiro (m) de guerra	туткун	tutkun

112. Guerra. Ações militares. Parte 1

guerra (f)	согуш	soguʃ
guerrear (vt)	согушуу	soguʃuu
guerra (f) civil	жарандык согуш	dʒarandık soguʃ
perfidamente	жүзү каралык менен кол салуу	dʒyzy karalık menen kol saluu
declaração (f) de guerra	согушту жарыялоо	soguʃtu dʒarıjaloo
declarar (vt) guerra	согуш жарыялоо	soguʃ dʒarıjaloo
agressão (f)	агрессия	agressija
atacar (vt)	кол салуу	kol saluu
invadir (vt)	басып алуу	basıp aluu
invasor (m)	баскынчы	baskıntʃı
conquistador (m)	басып алуучу	basıp aluutʃu
defesa (f)	коргонуу	korgonuu
defender (vt)	коргоо	korgoo
defender-se (vr)	коргонуу	korgonuu
inimigo (m)	душман	duʃman
adversário (m)	каршылаш	karʃılaʃ
inimigo	душмандын	duʃmandın
estratégia (f)	стратегия	strategija
tática (f)	тактика	taktika
ordem (f)	буйрук	bujruk
comando (m)	команда	komanda
ordenar (vt)	буйрук берүү	bujruk beryy
missão (f)	тапшырма	tapʃırma
secreto	жашыруун	dʒaʃıruun
batalha (f)	согуш	soguʃ
combate (m)	салгылаш	salgılaʃ
ataque (m)	чабуул	tʃabuul
assalto (m)	чабуул	tʃabuul
assaltar (vt)	чабуул жасоо	tʃabuul dʒasoo
assédio, sítio (m)	тегеректеп курчоо	tegerektep kurtʃoo
ofensiva (f)	чабуул	tʃabuul
passar à ofensiva	чабуул салуу	tʃabuul saluu
retirada (f)	чегинүү	tʃeginyy
retirar-se (vr)	чегинүү	tʃeginyy
cerco (m)	курчоо	kurtʃoo
cercar (vt)	курчоого алуу	kurtʃoogo aluu
bombardeio (m)	бомба жаадыруу	bomba dʒaadıruu
lançar uma bomba	бомба таштоо	bomba taʃtoo
bombardear (vt)	бомба жаадыруу	bomba dʒaadıruu
explosão (f)	жарылуу	dʒarıluu

tiro (m)	атылуу	atıluu
disparar um tiro	атуу	atuu
tiroteio (m)	атуу	atuu

apontar para ...	мээлөө	meelöö
apontar (vt)	мээлөө	meelöö
acertar (vt)	тийүү	tijyy

afundar (um navio)	чөктүрүү	tʃöktyryy
brecha (f)	тешик	teʃik
afundar-se (vr)	суу астына кетүү	suu astına ketyy

frente (m)	майдан	majdan
evacuação (f)	эвакуация	evakuatsija
evacuar (vt)	эвакуациялоо	evakuatsijaloo

trincheira (f)	окоп	okop
arame (m) farpado	тикендүү зым	tikendyy zım
obstáculo (m) anticarro	тосмо	tosmo
torre (f) de vigia	мунара	munara

hospital (m)	госпиталь	gospitalʲ
ferir (vt)	жарадар кылуу	dʒaradar kıluu
ferida (f)	жара	dʒara
ferido (m)	жарадар	dʒaradar
ficar ferido	жаракат алуу	dʒarakat aluu
grave (ferida ~)	оор жаракат	oor dʒarakat

113. Guerra. Ações militares. Parte 2

cativeiro (m)	туткун	tutkun
capturar (vt)	туткунга алуу	tutkunga aluu
estar em cativeiro	туткунда болуу	tutkunda boluu
ser aprisionado	туткунга түшүү	tutkunga tyʃyy

campo (m) de concentração	концлагерь	kontslagerʲ
prisioneiro (m) de guerra	туткун	tutkun
escapar (vi)	качуу	katʃuu

trair (vt)	кыянаттык кылуу	kıjanattık kıluu
traidor (m)	чыккынчы	tʃıkkıntʃı
traição (f)	чыккынчылык	tʃıkkıntʃılık

fuzilar, executar (vt)	атып өлтүрүү	atıp öltyryy
fuzilamento (m)	атып өлтүрүү	atıp öltyryy

equipamento (m)	аскер кийими	asker kijimi
platina (f)	погон	pogon
máscara (f) antigás	противогаз	protivogaz

rádio (m)	рация	ratsija
cifra (f), código (m)	шифр	ʃifr
conspiração (f)	жекеликте сактоо	dʒekelikte saktoo
senha (f)	сырсөз	sırsöz

mina (f)	мина	mina
minar (vt)	миналоо	minaloo
campo (m) minado	мина талаасы	mina talaası
alarme (m) aéreo	аба айгайы	aba ajgajı
alarme (m)	айгай	ajgaj
sinal (m)	сигнал	signal
sinalizador (m)	сигнал ракетасы	signal raketası
estado-maior (m)	штаб	ʃtab
reconhecimento (m)	чалгын	tʃalgın
situação (f)	кырдаал	kırdaal
relatório (m)	рапорт	raport
emboscada (f)	буктурма	bukturma
reforço (m)	кошумча күч	koʃumtʃa kytʃ
alvo (m)	бута	buta
campo (m) de tiro	полигон	poligon
manobras (f pl)	манервлер	manervler
pânico (m)	дүрбөлөң	dyrbøløŋ
devastação (f)	кыйроо	kıjroo
ruínas (f pl)	кыйроо	kıjroo
destruir (vt)	кыйратуу	kıjratuu
sobreviver (vi)	тирүү калуу	tiryy kaluu
desarmar (vt)	куралсыздандыруу	kuralsızdandıruu
manusear (vt)	мамиле кылуу	mamile kıluu
Firmes!	Түз тур!	tyz tur!
Descansar!	Эркин!	erkin!
façanha (f)	эрдик	erdik
juramento (m)	ант	ant
jurar (vi)	ант берүү	ant beryy
condecoração (f)	сыйлык	sıjlık
condecorar (vt)	сыйлоо	sıjloo
medalha (f)	медаль	medalʲ
ordem (f)	орден	orden
vitória (f)	жеңиш	dʒeŋiʃ
derrota (f)	жеңилүү	dʒeŋilyy
armistício (m)	жарашуу	dʒaraʃuu
bandeira (f)	байрак	bajrak
glória (f)	даңк	daŋk
desfile (m) militar	парад	parad
marchar (vi)	маршта басуу	marʃta basuu

114. Armas

arma (f)	курал	kural
arma (f) de fogo	курал жарак	kural dʒarak

arma (f) branca	атылбас курал	atılbas kural
arma (f) química	химиялык курал	χimijalık kural
nuclear	ядерлүү	jaderlyy
arma (f) nuclear	ядерлүү курал	jaderlyy kural
bomba (f)	бомба	bomba
bomba (f) atómica	атом бомбасы	atom bombası
pistola (f)	тапанча	tapantʃa
caçadeira (f)	мылтык	mıltık
pistola-metralhadora (f)	автомат	avtomat
metralhadora (f)	пулемёт	pulemʲot
boca (f)	мылтыктын оозу	mıltıktın oozu
cano (m)	ствол	stvol
calibre (m)	калибр	kalibr
gatilho (m)	курок	kurok
mira (f)	кароолго алуу	karoolgo aluu
carregador (m)	магазин	magazin
coronha (f)	күндак	kyndak
granada (f) de mão	граната	granata
explosivo (m)	жарылуучу зат	dʒarıluutʃu zat
bala (f)	ок	ok
cartucho (m)	патрон	patron
carga (f)	дүрмөк	dyrmøk
munições (f pl)	ок-дары	ok-darı
bombardeiro (m)	бомбалоочу	bombalootʃu
avião (m) de caça	кыйраткыч учак	kıjratkıtʃ utʃak
helicóptero (m)	вертолёт	vertolʲot
canhão (m) antiaéreo	зенитка	zenitka
tanque (m)	танк	tank
canhão (de um tanque)	замбирек	zambirek
artilharia (f)	артиллерия	artillerija
canhão (m)	замбирек	zambirek
fazer a pontaria	мээлөө	meeløø
obus (m)	снаряд	snarʲad
granada (f) de morteiro	мина	mina
morteiro (m)	миномёт	minomʲot
estilhaço (m)	сыныктар	sınıktar
submarino (m)	суу астында жүрүүчү кеме	suu astında dʒyryytʃy keme
torpedo (m)	торпеда	torpeda
míssil (m)	ракета	raketa
carregar (uma arma)	октоо	oktoo
atirar, disparar (vi)	атуу	atuu
apontar para …	мээлөө	meeløø
baioneta (f)	найза	najza

espada (f)	шпага	ʃpaga
sabre (m)	кылыч	kılıtʃ
lança (f)	найза	najza
arco (m)	жаа	dʒaa
flecha (f)	жебе	dʒebe
mosquete (m)	мушкет	muʃket
besta (f)	арбалет	arbalet

115. Povos da antiguidade

primitivo	алгачкы	algatʃkı
pré-histórico	тарыхтан илгери	tarıxtan ilgeri
antigo	байыркы	bajırkı

Idade (f) da Pedra	Таш доору	taʃ dooru
Idade (f) do Bronze	Коло доору	kolo dooru
período (m) glacial	Муз доору	muz dooru

tribo (f)	уруу	uruu
canibal (m)	адам жегич	adam dʒegitʃ
caçador (m)	аңчы	aŋtʃı
caçar (vi)	аңчылык кылуу	aŋtʃılık kıluu
mamute (m)	мамонт	mamont

caverna (f)	үңкүр	yŋkyr
fogo (m)	от	ot
fogueira (f)	от	ot
pintura (f) rupestre	ташка чегерилген сүрөт	taʃka tʃegerilgen syrøt

ferramenta (f)	эмгек куралы	emgek kuralı
lança (f)	найза	najza
machado (m) de pedra	таш балта	taʃ balta
guerrear (vt)	согушуу	soguʃuu
domesticar (vt)	колго көндүрүү	kolgo køndyryy

ídolo (m)	бут	but
adorar, venerar (vt)	сыйынуу	sıjınuu
superstição (f)	жок нерсеге ишенүү	dʒok nersege iʃenyy
ritual (m)	ырым-жырым	ırım-dʒırım

| evolução (f) | эволюция | evolutsija |
| desenvolvimento (m) | өнүгүү | ønygyy |

| desaparecimento (m) | жок болуу | dʒok boluu |
| adaptar-se (vr) | ылайыкташуу | ılajıktaʃuu |

arqueologia (f)	археология	arxeologija
arqueólogo (m)	археолог	arxeolog
arqueológico	археологиялык	arxeologijalık

local (m) das escavações	казуу жери	kazuu dʒeri
escavações (f pl)	казуу иштери	kazuu iʃteri
achado (m)	табылга	tabılga
fragmento (m)	фрагмент	fragment

116. Idade média

povo (m)	эл	el
povos (m pl)	элдер	elder
tribo (f)	уруу	uruu
tribos (f pl)	уруулар	uruular
bárbaros (m pl)	варварлар	varvarlar
gauleses (m pl)	галлдар	galldar
godos (m pl)	готтор	gottor
eslavos (m pl)	славяндар	slavjandar
víquingues (m pl)	викингдер	vikingder
romanos (m pl)	римдиктер	rimdikter
romano	римдик	rimdik
bizantinos (m pl)	византиялыктар	vizantijalıktar
Bizâncio	Византия	vizantija
bizantino	византиялык	vizantijalık
imperador (m)	император	imperator
líder (m)	башчы	baʃtʃı
poderoso	кудуреттүү	kudurettyy
rei (m)	король, падыша	korolj, padıʃa
governante (m)	башкаруучу	baʃkaruutʃu
cavaleiro (m)	рыцарь	rıtsarj
senhor feudal (m)	феодал	feodal
feudal	феодалдуу	feodalduu
vassalo (m)	вассал	vassal
duque (m)	герцог	gertsog
conde (m)	граф	graf
barão (m)	барон	baron
bispo (m)	епископ	episkop
armadura (f)	курал жана соот-шайман	kural dʒana soot-ʃajman
escudo (m)	калкан	kalkan
espada (f)	кылыч	kılıtʃ
viseira (f)	туулганын бет калканы	tuulganın bet kalkanı
cota (f) de malha	зоот	zoot
cruzada (f)	крест астындагы черүү	krest astındagı tʃeryy
cruzado (m)	черүүгө чыгуучу	tʃeryygø tʃıguutʃu
território (m)	аймак	ajmak
atacar (vt)	кол салуу	kol saluu
conquistar (vt)	ээ болуу	ee boluu
ocupar, invadir (vt)	басып алуу	basıp aluu
assédio, sítio (m)	тегеректеп курчоо	tegerektep kurtʃoo
sitiado	курчалган	kurtʃalgan
assediar, sitiar (vt)	курчоого алуу	kurtʃoogo aluu
inquisição (f)	инквизиция	inkvizitsija
inquisidor (m)	инквизитор	inkvizitor

tortura (f)	кыйноо	kıjnoo
cruel	ырайымсыз	ırajımsız
herege (m)	еретик	eretik
heresia (f)	ересь	eresʲ

navegação (f) marítima	деңизде сүзүү	deŋizde syzyy
pirata (m)	деңиз каракчысы	deŋiz karaktʃısı
pirataria (f)	деңиз каракчылыгы	deŋiz karaktʃılıgı
abordagem (f)	абордаж	abordadʒ
presa (f), butim (m)	олжо	oldʒo
tesouros (m pl)	казына	kazına

descobrimento (m)	ачылыш	atʃılıʃ
descobrir (novas terras)	таап ачуу	taap atʃuu
expedição (f)	экспедиция	ekspeditsija

mosqueteiro (m)	мушкетёр	muʃketʲor
cardeal (m)	кардинал	kardinal
heráldica (f)	геральдика	geralʲdika
heráldico	гералдык	geraldık

117. Líder. Chefe. Autoridades

rei (m)	король, падыша	korolʲ, padıʃa
rainha (f)	ханыша	χanıʃa
real	падышалык	padıʃalık
reino (m)	падышалык	padıʃalık

príncipe (m)	канзаада	kanzaada
princesa (f)	ханбийке	χanbijke

presidente (m)	президент	prezident
vice-presidente (m)	вице-президент	vitse-prezident
senador (m)	сенатор	senator

monarca (m)	монарх	monarχ
governante (m)	башкаруучу	baʃkaruutʃu
ditador (m)	диктатор	diktator
tirano (m)	зулум	zulum
magnata (m)	магнат	magnat

diretor (m)	директор	direktor
chefe (m)	башчы	baʃtʃı
dirigente (m)	башкаруучу	baʃkaruutʃu
patrão (m)	шеф	ʃef
dono (m)	кожоюн	kodʒodʒun

líder, chefe (m)	алдыңкы катардагы	aldıŋkı katardagı
chefe (~ de delegação)	башчы	baʃtʃı
autoridades (f pl)	бийликтер	bijlikter
superiores (m pl)	башчылар	baʃtʃılar

governador (m)	губернатор	gubernator
cônsul (m)	консул	konsul

diplomata (m)	дипломат	diplomat
Presidente (m) da Câmara	мэр	mer
xerife (m)	шериф	ʃerif
imperador (m)	император	imperator
czar (m)	падыша	padıʃa
faraó (m)	фараон	faraon
cã (m)	хан	χan

118. Viloação da lei. Criminosos. Parte 1

bandido (m)	ууру-кески	uuru-keski
crime (m)	кылмыш	kılmıʃ
criminoso (m)	кылмышкер	kılmıʃker
ladrão (m)	ууру	uuru
roubar (vt)	уурдоо	uurdoo
furto (m)	уруулук	uruuluk
furto (m)	уурдоо	uurdoo
raptar (ex. ~ uma criança)	ала качуу	ala katʃuu
rapto (m)	ала качуу	ala katʃuu
raptor (m)	ала качуучу	ala katʃuutʃu
resgate (m)	кутказуу акчасы	kutkazuu aktʃası
pedir resgate	кутказуу акчага талап коюу	kutkazuu aktʃaga talap kojʉu
roubar (vt)	тоноо	tonoo
assalto, roubo (m)	тоноо	tonoo
assaltante (m)	тоноочу	tonootʃu
extorquir (vt)	опузалоо	opuzaloo
extorsionário (m)	опузалоочу	opuzalootʃu
extorsão (f)	опуза	opuza
matar, assassinar (vt)	өлтүрүү	øltyryy
homicídio (m)	өлтүрүү	øltyryy
homicida, assassino (m)	киши өлтүргүч	kiʃi øltyrgytʃ
tiro (m)	атылуу	atıluu
dar um tiro	атуу	atuu
matar a tiro	атып салуу	atıp saluu
atirar, disparar (vi)	атуу	atuu
tiroteio (m)	атышуу	atıʃuu
incidente (m)	окуя	okuja
briga (~ de rua)	уруш	uruʃ
Socorro!	Жардамга!	dʒardamga!
vítima (f)	жапа чеккен	dʒapa tʃekken
danificar (vt)	зыян келтирүү	zıjan keltiryy
dano (m)	залал	zalal
cadáver (m)	өлүк	ølyk

grave	оор	oor
atacar (vt)	кол салуу	kol saluu
bater (espancar)	уруу	uruu
espancar (vt)	ур-токмокко алуу	ur-tokmokko aluu
tirar, roubar (dinheiro)	тартып алуу	tartıp aluu
esfaquear (vt)	союп өлтүрүү	sojup øltyryy
mutilar (vt)	майып кылуу	majıp kıluu
ferir (vt)	жарадар кылуу	dʒaradar kıluu
chantagem (f)	шантаж кылуу	ʃantadʒ kıluu
chantagear (vt)	шантаждоо	ʃantadʒdoo
chantagista (m)	шантажист	ʃantadʒist
extorsão (em troca de proteção)	рэкет	reket
extorsionário (m)	рэкетир	reketir
gângster (m)	гангстер	gangster
máfia (f)	мафия	mafija
carteirista (m)	чөнтөкууру	tʃøntøk uuru
assaltante, ladrão (m)	бузуп алуучу ууру	buzup aluutʃu uuru
contrabando (m)	контрабанда	kontrabanda
contrabandista (m)	контрабандачы	kontrabandatʃı
falsificação (f)	окшотуп жасоо	okʃotup dʒasoo
falsificar (vt)	жасалмалоо	dʒasalmaloo
falsificado	жасалма	dʒasalma

119. Viloação da lei. Criminosos. Parte 2

violação (f)	зордуктоо	zorduktoo
violar (vt)	зордуктоо	zorduktoo
violador (m)	зордукчул	zorduktʃul
maníaco (m)	маньяк	manjak
prostituta (f)	сойку	sojku
prostituição (f)	сойкучулук	sojkutʃuluk
chulo (m)	жак бакты	dʒak baktı
toxicodependente (m)	баңги	baŋgi
traficante (m)	баңгизат сатуучу	baŋgizat satuutʃu
explodir (vt)	жардыруу	dʒardıruu
explosão (f)	жарылуу	dʒarıluu
incendiar (vt)	өрттөө	ørttøø
incendiário (m)	өрттөөчү	ørttøøtʃy
terrorismo (m)	терроризм	terrorizm
terrorista (m)	террорист	terrorist
refém (m)	заложник	zalodʒnik
enganar (vt)	алдоо	aldoo
engano (m)	алдамчылык	aldamtʃılık
vigarista (m)	алдамчы	aldamtʃı

subornar (vt)	сатып алуу	satıp aluu
suborno (atividade)	сатып алуу	satıp aluu
suborno (dinheiro)	пара	para
veneno (m)	уу	uu
envenenar (vt)	ууландыруу	uulandıruu
envenenar-se (vr)	уулануу	uulanuu
suicídio (m)	жанын кыюу	dʒanın kıdʒuu
suicida (m)	жанын кыйгыч	dʒanın kıjgıtʃ
ameaçar (vt)	коркутуу	korkutuu
ameaça (f)	коркунуч	korkunutʃ
atentar contra a vida de …	кол салуу	kol saluu
atentado (m)	кол салуу	kol saluu
roubar (o carro)	айдап кетүү	ajdap ketyy
desviar (o avião)	ала качуу	ala katʃuu
vingança (f)	кек	kek
vingar (vt)	өч алуу	øtʃ aluu
torturar (vt)	кыйноо	kıjnoo
tortura (f)	кыйноо	kıjnoo
atormentar (vt)	азапка салуу	azapka saluu
pirata (m)	деңиз каракчысы	deŋiz karaktʃısı
desordeiro (m)	бейбаш	bejbaʃ
armado	куралданган	kuraldangan
violência (f)	зордук	zorduk
ilegal	мыйзамдан тыш	mıjzamdan tıʃ
espionagem (f)	тыңчылык	tıŋtʃılık
espionar (vi)	тыңчылык кылуу	tıŋtʃılık kıluu

120. Polícia. Lei. Parte 1

justiça (f)	адилеттүү сот	adilettyy sot
tribunal (m)	сот	sot
juiz (m)	сот	sot
jurados (m pl)	сот калыстары	sot kalıstarı
tribunal (m) do júri	калыстар соту	kalıstar sotu
julgar (vt)	сотко тартуу	sotko tartuu
advogado (m)	жактоочу	dʒaktootʃu
réu (m)	сот жообуна тартылган киши	sot dʒoobuna tartılgan kiʃi
banco (m) dos réus	соттуулар отуруучу орун	sottuular oturuutʃu orun
acusação (f)	айыптоо	ajıptoo
acusado (m)	айыпталуучу	ajıptaluutʃu
sentença (f)	өкүм	økym
sentenciar (vt)	өкүм чыгаруу	økym tʃıgaruu

culpado (m)	күнөөкөр	kynøøkør
punir (vt)	жазалоо	dʒazaloo
punição (f)	жаза	dʒaza
multa (f)	айып	ajıp
prisão (f) perpétua	өмүр бою	ømyr bojʉ
pena (f) de morte	өлүм жазасы	ølym dʒazası
cadeira (f) elétrica	электр столу	elektr stolu
forca (f)	дарга	darga
executar (vt)	өлүм жазасын аткаруу	ølym dʒazasın atkaruu
execução (f)	өлүм жазасын аткаруу	ølym dʒazasın atkaruu
prisão (f)	түрмө	tyrmø
cela (f) de prisão	камера	kamera
escolta (f)	конвой	konvoj
guarda (m) prisional	түрмө сакчысы	tyrmø saktʃısı
preso (m)	камактагы адам	kamaktagı adam
algemas (f pl)	кишен	kiʃen
algemar (vt)	кишен кийгизүү	kiʃen kijgizyy
fuga, evasão (f)	качуу	katʃuu
fugir (vi)	качуу	katʃuu
desaparecer (vi)	жоголуп кетүү	dʒogolup ketyy
soltar, libertar (vt)	бошотуу	boʃotuu
amnistia (f)	амнистия	amnistija
polícia (instituição)	полиция	politsija
polícia (m)	полиция кызматкери	politsija kızmatkeri
esquadra (f) de polícia	полиция бөлүмү	politsija bølymy
cassetete (m)	резина союлчасы	rezina sojʉltʃası
megafone (m)	керней	kernej
carro (m) de patrulha	жол күзөт машинасы	dʒol kyzøt maʃinası
sirene (f)	сирена	sirena
ligar a sirene	сиренаны басуу	sirenanı basuu
toque (m) da sirene	сиренанын боздошу	sirenanın bozdoʃu
cena (f) do crime	кылмыш болгон жер	kılmıʃ bolgon dʒer
testemunha (f)	күбө	kybø
liberdade (f)	эркиндик	erkindik
cúmplice (m)	шерик	ʃerik
escapar (vi)	из жашыруу	iz dʒaʃıruu
traço (não deixar ~s)	из	iz

121. Polícia. Lei. Parte 2

procura (f)	издөө	izdøø
procurar (vt)	... издөө	... izdøø
suspeita (f)	шек	ʃek
suspeito	шектүү	ʃektyy
parar (vt)	токтотуу	toktotuu

deter (vt)	кармоо	karmoo
caso (criminal)	иш	iʃ
investigação (f)	териштирүү	teriʃtiryy
detetive (m)	аңдуучу	aŋduutʃu
investigador (m)	тергөөчү	tergøøtʃy
versão (f)	жоромол	dʒoromol
motivo (m)	себеп	sebep
interrogatório (m)	сурак	surak
interrogar (vt)	суракка алуу	surakka aluu
questionar (vt)	сураштыруу	suraʃtıruu
verificação (f)	текшерүү	tekʃeryy
batida (f) policial	тегеректөө	tegerektøø
busca (f)	тинтүү	tintyy
perseguição (f)	куу	kuu
perseguir (vt)	изине түшүү	izine tyʃyy
seguir (vt)	изине түшүү	izine tyʃyy
prisão (f)	камак	kamak
prender (vt)	камакка алуу	kamakka aluu
pegar, capturar (vt)	кармоо	karmoo
captura (f)	колго түшүрүү	kolgo tyʃyryy
documento (m)	документ	dokument
prova (f)	далил	dalil
provar (vt)	далилдөө	dalildøø
pegada (f)	из	iz
impressões (f pl) digitais	манжанын изи	mandʒanın izi
prova (f)	далил	dalil
álibi (m)	алиби	alibi
inocente	бейкүнөө	bejkynøø
injustiça (f)	адилетсиздик	adiletsizdik
injusto	адилетсиз	adiletsiz
criminal	кылмыштуу	kılmıʃtuu
confiscar (vt)	тартып алуу	tartıp aluu
droga (f)	баңгизат	baŋgizat
arma (f)	курал	kural
desarmar (vt)	куралсыздандыруу	kuralsızdandıruu
ordenar (vt)	буйрук берүү	bujruk beryy
desaparecer (vi)	жоголуп кетүү	dʒogolup ketyy
lei (f)	мыйзам	mıjzam
legal	мыйзамдуу	mıjzamduu
ilegal	мыйзамдан тыш	mıjzamdan tıʃ
responsabilidade (f)	жоопкерчилик	dʒoopkertʃilik
responsável	жоопкерчиликтүү	dʒoopkertʃiliktyy

NATUREZA

A Terra. Parte 1

122. Espaço sideral

cosmos (m)	космос	kosmos
cósmico	космос	kosmos
espaço (m) cósmico	космос мейкиндиги	kosmos mejkindigi
mundo (m)	дүйнө	dyjnø
universo (m)	аалам	aalam
galáxia (f)	галактика	galaktika
estrela (f)	жылдыз	dʒıldız
constelação (f)	жылдыздар	dʒıldızdar
planeta (m)	планета	planeta
satélite (m)	жолдош	dʒoldoʃ
meteorito (m)	метеорит	meteorit
cometa (m)	комета	kometa
asteroide (m)	астероид	asteroid
órbita (f)	орбита	orbita
girar (vi)	айлануу	ajlanuu
atmosfera (f)	атмосфера	atmosfera
Sol (m)	күн	kyn
Sistema (m) Solar	күн системасы	kyn sisteması
eclipse (m) solar	күндүн тутулушу	kyndyn tutuluʃu
Terra (f)	Жер	dʒer
Lua (f)	Ай	aj
Marte (m)	Марс	mars
Vénus (f)	Венера	venera
Júpiter (m)	Юпитер	jupiter
Saturno (m)	Сатурн	saturn
Mercúrio (m)	Меркурий	merkurij
Urano (m)	Уран	uran
Neptuno (m)	Нептун	neptun
Plutão (m)	Плутон	pluton
Via Láctea (f)	Саманчынын жолу	samantʃının dʒolu
Ursa Maior (f)	Чоң Жетиген	tʃoŋ dʒetigen
Estrela Polar (f)	Полярдык Жылдыз	polʲardık dʒıldız
marciano (m)	марсианин	marsianin
extraterrestre (m)	инопланетянин	inoplanetʲanin

alienígena (m)	келгин	kelgin
disco (m) voador	учуучу табак	utʃuutʃu tabak
nave (f) espacial	космос кемеси	kosmos kemesi
estação (f) orbital	орбитадагы станция	orbitadagı stantsija
lançamento (m)	старт	start
motor (m)	кыймылдаткыч	kıjmıldatkıtʃ
bocal (m)	сопло	soplo
combustível (m)	күйүүчү май	kyjyytʃy may
cabine (f)	кабина	kabina
antena (f)	антенна	antenna
vigia (f)	иллюминатор	illuminator
bateria (f) solar	күн батареясы	kyn batarejası
traje (m) espacial	скафандр	skafandr
imponderabilidade (f)	салмаксыздык	salmaksızdık
oxigénio (m)	кислород	kislorod
acoplagem (f)	жалгаштыруу	dʒalgaʃtıruu
fazer uma acoplagem	жалгаштыруу	dʒalgaʃtıruu
observatório (m)	обсерватория	observatorija
telescópio (m)	телескоп	teleskop
observar (vt)	байкоо	bajkoo
explorar (vt)	изилдөө	izildøø

123. A Terra

Terra (f)	Жер	dʒer
globo terrestre (Terra)	жер шары	dʒer ʃarı
planeta (m)	планета	planeta
atmosfera (f)	атмосфера	atmosfera
geografia (f)	география	geografija
natureza (f)	табийгат	tabijgat
globo (mapa esférico)	глобус	globus
mapa (m)	карта	karta
atlas (m)	атлас	atlas
Europa (f)	Европа	evropa
Ásia (f)	Азия	azija
África (f)	Африка	afrika
Austrália (f)	Австралия	avstralija
América (f)	Америка	amerika
América (f) do Norte	Северная Америка	severnaja amerika
América (f) do Sul	Южная Америка	judʒnaja amerika
Antártida (f)	Антарктида	antarktida
Ártico (m)	Арктика	arktika

124. Pontos cardeais

norte (m)	түндүк	tyndyk
para norte	түндүккө	tyndykkø
no norte	түндүктө	tyndyktø
do norte	түндүк	tyndyk
sul (m)	түштүк	tyʃtyk
para sul	түштүккө	tyʃtykkø
no sul	түштүктө	tyʃtyktø
do sul	түштүк	tyʃtyk
oeste, ocidente (m)	батыш	batıʃ
para oeste	батышка	batıʃka
no oeste	батышта	batıʃta
ocidental	батыш	batıʃ
leste, oriente (m)	чыгыш	ʧıgıʃ
para leste	чыгышка	ʧıgıʃka
no leste	чыгышта	ʧıgıʃta
oriental	чыгыш	ʧıgıʃ

125. Mar. Oceano

mar (m)	деңиз	deŋiz
oceano (m)	мухит	muxit
golfo (m)	булуң	buluŋ
estreito (m)	кысык	kısık
terra (f) firme	жер	dʒer
continente (m)	материк	materik
ilha (f)	арал	aral
península (f)	жарым арал	dʒarım aral
arquipélago (m)	архипелаг	arχipelag
baía (f)	булуң	buluŋ
porto (m)	гавань	gavanʲ
lagoa (f)	лагуна	laguna
cabo (m)	тумшук	tumʃuk
atol (m)	атолл	atoll
recife (m)	риф	rif
coral (m)	маржан	mardʒan
recife (m) de coral	маржан рифи	mardʒan rifi
profundo	терең	tereŋ
profundidade (f)	тереңдик	tereŋdik
abismo (m)	түбү жок	tyby dʒok
fossa (f) oceânica	ойдуң	ojduŋ
corrente (f)	агым	agım
banhar (vt)	курчап туруу	kurʧap turuu

litoral (m)	жээк	dʒeek
costa (f)	жээк	dʒeek
maré (f) alta	суунун көтөрүлүшү	suunun køtørylyʃy
refluxo (m), maré (f) baixa	суунун тартылуусу	suunun tartıluusu
restinga (f)	тайыздык	tajızdık
fundo (m)	суунун түбү	suunun tyby
onda (f)	толкун	tolkun
crista (f) da onda	толкундун кыры	tolkundun kırı
espuma (f)	көбүк	købyk
tempestade (f)	бороон чапкын	boroon tʃapkın
furacão (m)	бороон	boroon
tsunami (m)	цунами	tsunami
calmaria (f)	штиль	ʃtilʲ
calmo	тынч	tıntʃ
polo (m)	уюл	ujʉl
polar	полярдык	polʲardık
latitude (f)	кеңдик	keŋdik
longitude (f)	узундук	uzunduk
paralela (f)	параллель	parallelʲ
equador (m)	экватор	ekvator
céu (m)	асман	asman
horizonte (m)	горизонт	gorizont
ar (m)	аба	aba
farol (m)	маяк	majak
mergulhar (vi)	сүңгүү	syŋgyy
afundar-se (vr)	чөгүп кетүү	tʃøgyp ketyy
tesouros (m pl)	казына	kazına

126. Nomes de Mares e Oceanos

Oceano (m) Atlântico	Атлантика мухити	atlantika muχiti
Oceano (m) Índico	Индия мухити	indija muχiti
Oceano (m) Pacífico	Тынч мухити	tıntʃ muχiti
Oceano (m) Ártico	Түндүк Муз мухити	tyndyk muz muχiti
Mar (m) Negro	Кара деңиз	kara deŋiz
Mar (m) Vermelho	Кызыл деңиз	kızıl deŋiz
Mar (m) Amarelo	Сары деңиз	sarı deŋiz
Mar (m) Branco	Ак деңиз	ak deŋiz
Mar (m) Cáspio	Каспий деңизи	kaspij deŋizi
Mar (m) Morto	Өлүк деңиз	ølyk deŋiz
Mar (m) Mediterrâneo	Жер Ортолук деңиз	dʒer ortoluk deŋiz
Mar (m) Egeu	Эгей деңизи	egej deŋizi
Mar (m) Adriático	Адриатика деңизи	adriatika deŋizi
Mar (m) Arábico	Аравия деңизи	aravija deŋizi

Mar (m) do Japão	Япон деңизи	japon deŋizi
Mar (m) de Bering	Беринг деңизи	bering deŋizi
Mar (m) da China Meridional	Түштүк-Кытай деңизи	tyʃtyk-kıtaj deŋizi
Mar (m) de Coral	Маржан деңизи	mardʒan deŋizi
Mar (m) de Tasman	Тасман деңизи	tasman deŋizi
Mar (m) do Caribe	Кариб деңизи	karib deŋizi
Mar (m) de Barents	Баренц деңизи	barents deŋizi
Mar (m) de Kara	Карск деңизи	karsk deŋizi
Mar (m) do Norte	Түндүк деңиз	tyndyk deŋiz
Mar (m) Báltico	Балтика деңизи	baltika deŋizi
Mar (m) da Noruega	Норвегиялык деңизи	norvegijalık deŋizi

127. Montanhas

montanha (f)	тоо	too
cordilheira (f)	тоо тизмеги	too tizmegi
serra (f)	тоо кыркалары	too kırkaları
cume (m)	чоку	tʃoku
pico (m)	чоку	tʃoku
sopé (m)	тоо этеги	too etegi
declive (m)	эңкейиш	eŋkejiʃ
vulcão (m)	вулкан	vulkan
vulcão (m) ativo	күйүп жаткан	kyjyp dʒatkan
vulcão (m) extinto	өчүп калган вулкан	øtʃyp kalgan vulkan
erupção (f)	атырылып чыгуу	atırılıp tʃıguu
cratera (f)	кратер	krater
magma (m)	магма	magma
lava (f)	лава	lava
fundido (lava ~a)	кызыган	kızıgan
desfiladeiro (m)	каньон	kanʲon
garganta (f)	капчыгай	kaptʃıgaj
fenda (f)	жарака	dʒaraka
precipício (m)	жар	dʒar
passo, colo (m)	ашуу	aʃuu
planalto (m)	дөңсөө	døŋsøø
falésia (f)	зоока	zooka
colina (f)	дөбө	døbø
glaciar (m)	муз	muz
queda (f) d'água	шаркыратма	ʃarkıratma
géiser (m)	гейзер	gejzer
lago (m)	көл	køl
planície (f)	түздүк	tyzdyk
paisagem (f)	теребел	terebel
eco (m)	жаңырык	dʒaŋırık

alpinista (m)	альпинист	alʲpinist
escalador (m)	скалолаз	skalolaz
conquistar (vt)	багындыруу	bagındıruu
subida, escalada (f)	тоонун чокусуна чыгуу	toonun ʧokusuna ʧıguu

128. Nomes de montanhas

Alpes (m pl)	Альп тоолору	alʲp tooloru
monte Branco (m)	Монблан	monblan
Pirineus (m pl)	Пиреней тоолору	pirenej tooloru
Cárpatos (m pl)	Карпат тоолору	karpat tooloru
montes (m pl) Urais	Урал тоолору	ural tooloru
Cáucaso (m)	Кавказ тоолору	kavkaz tooloru
Elbrus (m)	Эльбрус	elʲbrus
Altai (m)	Алтай тоолору	altaj tooloru
Tian Shan (m)	Тянь-Шань	tjanʲ-ʃanʲ
Pamir (m)	Памир тоолору	pamir tooloru
Himalaias (m pl)	Гималай тоолору	gimalaj tooloru
monte (m) Everest	Эверест	everest
Cordilheira (f) dos Andes	Анд тоолору	and tooloru
Kilimanjaro (m)	Килиманджаро	kilimanʤaro

129. Rios

rio (m)	дарыя	darıja
fonte, nascente (f)	булак	bulak
leito (m) do rio	сай	saj
bacia (f)	бассейн	bassejn
desaguar no ...	... куюу	... kujʉu
afluente (m)	куйма	kujma
margem (do rio)	жээк	ʤeek
corrente (f)	агым	agım
rio abaixo	агым боюнча	agım bojʉnʧa
rio acima	агымга каршы	agımga karʃı
inundação (f)	ташкын	taʃkın
cheia (f)	суу ташкыны	suu taʃkını
transbordar (vi)	дайранын ташышы	dajranın taʃıʃı
inundar (vt)	суу каптоо	suu kaptoo
banco (m) de areia	тайыздык	tajızdık
rápidos (m pl)	босого	bosogo
barragem (f)	тогоон	togoon
canal (m)	канал	kanal
reservatório (m) de água	суу сактагыч	suu saktagıʧ
eclusa (f)	шлюз	ʃlʉz

corpo (m) de água	көлмө	kølmø
pântano (m)	саз	saz
tremedal (m)	баткак	batkak
remoinho (m)	айлампа	ajlampa
arroio, regato (m)	суу	suu
potável	ичилчү суу	itʃiltʃy suu
doce (água)	тузсуз	tuzsuz
gelo (m)	муз	muz
congelar-se (vr)	тоңуп калуу	toŋup kaluu

130. Nomes de rios

rio Sena (m)	Сена	sena
rio Loire (m)	Луара	luara
rio Tamisa (m)	Темза	temza
rio Reno (m)	Рейн	rejn
rio Danúbio (m)	Дунай	dunaj
rio Volga (m)	Волга	volga
rio Don (m)	Дон	don
rio Lena (m)	Лена	lena
rio Amarelo (m)	Хуанхэ	χuanχe
rio Yangtzé (m)	Янцзы	janʦzı
rio Mekong (m)	Меконг	mekong
rio Ganges (m)	Ганг	gang
rio Nilo (m)	Нил	nil
rio Congo (m)	Конго	kongo
rio Cubango (m)	Окаванго	okavango
rio Zambeze (m)	Замбези	zambezi
rio Limpopo (m)	Лимпопо	limpopo
rio Mississípi (m)	Миссисипи	missisipi

131. Floresta

floresta (f), bosque (m)	токой	tokoj
florestal	токойлуу	tokojluu
mata (f) cerrada	чытырман токой	tʃıtırman tokoj
arvoredo (m)	токойчо	tokojtʃo
clareira (f)	аянт	ajant
matagal (m)	бадал	badal
mato (m)	бадал	badal
vereda (f)	чыйыр жол	tʃıjır dʒol
ravina (f)	жар	dʒar
árvore (f)	дарак	darak

folha (f)	жалбырак	dʒalbırak
folhagem (f)	жалбырак	dʒalbırak
queda (f) das folhas	жалбырак түшүү мезгили	dʒalbırak tyʃyy mezgili
cair (vi)	түшүү	tyʃyy
topo (m)	чоку	tʃoku
ramo (m)	бутак	butak
galho (m)	бутак	butak
botão, rebento (m)	бүчүр	bytʃyr
agulha (f)	ийне	ijne
pinha (f)	тобурчак	toburtʃak
buraco (m) de árvore	көңдөй	køŋdøj
ninho (m)	уя	uja
toca (f)	ийин	ijin
tronco (m)	сөңгөк	søŋgøk
raiz (f)	тамыр	tamır
casca (f) de árvore	кыртыш	kırtıʃ
musgo (m)	мох	moχ
arrancar pela raiz	дүмүрүн казуу	dymyryn kazuu
cortar (vt)	кыюу	kıjʉu
desflorestar (vt)	токойду кыюу	tokojdu kıjʉu
toco, cepo (m)	дүмүр	dymyr
fogueira (f)	от	ot
incêndio (m) florestal	өрт	ørt
apagar (vt)	өчүрүү	øtʃyryy
guarda-florestal (m)	токойчу	tokojtʃu
proteção (f)	өсүмдүктөрдү коргоо	øsymdyktørdy korgoo
proteger (a natureza)	сактоо	saktoo
caçador (m) furtivo	браконьер	brakonjer
armadilha (f)	капкан	kapkan
colher (cogumelos)	терүү	teryy
colher (bagas)	терүү	teryy
perder-se (vr)	адашып кетүү	adaʃıp ketyy

132. Recursos naturais

recursos (m pl) naturais	жаратылыш байлыктары	dʒaratılıʃ bajlıktarı
minerais (m pl)	пайдалуу кендер	pajdaluu kender
depósitos (m pl)	кен	ken
jazida (f)	кендүү жер	kendyy dʒer
extrair (vt)	казуу	kazuu
extração (f)	казуу	kazuu
minério (m)	кен	ken
mina (f)	шахта	ʃaχta
poço (m) de mina	шахта	ʃaχta
mineiro (m)	кенчи	kentʃi

gás (m)	газ	gaz
gasoduto (m)	газопровод	gazoprovod
petróleo (m)	мунайзат	munajzat
oleoduto (m)	мунайзар түтүгү	munajzar tytygy
poço (m) de petróleo	мунайзат скважинасы	munajzat skvadʒinasɩ
torre (f) petrolífera	мунайзат мунарасы	munajzat munarasɩ
petroleiro (m)	танкер	tanker
areia (f)	кум	kum
calcário (m)	акиташ	akitaʃ
cascalho (m)	шагыл	ʃagɩl
turfa (f)	торф	torf
argila (f)	ылай	ɩlaj
carvão (m)	көмүр	kømyr
ferro (m)	темир	temir
ouro (m)	алтын	altɩn
prata (f)	күмүш	kymyʃ
níquel (m)	никель	nikelʲ
cobre (m)	жез	dʒez
zinco (m)	цинк	tsɩnk
manganês (m)	марганец	marganets
mercúrio (m)	сымап	sɩmap
chumbo (m)	коргошун	korgoʃun
mineral (m)	минерал	mineral
cristal (m)	кристалл	kristall
mármore (m)	мрамор	mramor
urânio (m)	уран	uran

A Terra. Parte 2

133. Tempo

tempo (m)	аба-ырайы	aba-ırajı
previsão (f) do tempo	аба-ырайы боюнча маалымат	aba-ırajı bojʉntʃa maalımat
temperatura (f)	температура	temperatura
termómetro (m)	термометр	termometr
barómetro (m)	барометр	barometr
húmido	нымдуу	nımduu
humidade (f)	ным	nım
calor (m)	ысык	ısık
cálido	кыйын ысык	kıjın ısık
está muito calor	ысык	ısık
está calor	жылуу	dʒıluu
quente	жылуу	dʒıluu
está frio	суук	suuk
frio	суук	suuk
sol (m)	күн	kyn
brilhar (vi)	күн тийүү	kyn tijyy
de sol, ensolarado	күн ачык	kyn atʃık
nascer (vi)	чыгуу	tʃıguu
pôr-se (vr)	батуу	batuu
nuvem (f)	булут	bulut
nublado	булуттуу	buluttuu
nuvem (f) preta	булут	bulut
escuro, cinzento	күн бүркөк	kyn byrkøk
chuva (f)	жамгыр	dʒamgır
está a chover	жамгыр жаап жатат	dʒamgır dʒaap dʒatat
chuvoso	жаандуу	dʒaanduu
chuviscar (vi)	дыбыратуу	dıbıratuu
chuva (f) torrencial	нөшөрлөгөн жаан	nøʃørløgøn dʒaan
chuvada (f)	нөшөр	nøʃør
forte (chuva)	катуу	katuu
poça (f)	көлчүк	køltʃyk
molhar-se (vr)	суу болуу	suu boluu
nevoeiro (m)	туман	tuman
de nevoeiro	тумандуу	tumanduu
neve (f)	кар	kar
está a nevar	кар жаап жатат	kar dʒaap dʒatat

134. Tempo extremo. Catástrofes naturais

trovoada (f)	чагылгандуу жаан	tʃagılganduu dʒaan
relâmpago (m)	чагылган	tʃagılgan
relampejar (vi)	жарк этүү	dʒark etyy

trovão (m)	күн күркүрөө	kyn kyrkyrøø
trovejar (vi)	күн күркүрөө	kyn kyrkyrøø
está a trovejar	күн күркүрөп жатат	kyn kyrkyrøp dʒatat

granizo (m)	мөндүр	møndyr
está a cair granizo	мөндүр түшүп жатат	møndyr tyʃyp dʒatat

inundar (vt)	суу каптоо	suu kaptoo
inundação (f)	ташкын	taʃkın

terremoto (m)	жер титирөө	dʒer titirøø
abalo, tremor (m)	жердин силкиниши	dʒerdin silkiniʃi
epicentro (m)	эпицентр	epitsentr

erupção (f)	атырылып чыгуу	atırılıp tʃıguu
lava (f)	лава	lava

turbilhão (m)	куюн	kujʉn
tornado (m)	торнадо	tornado
tufão (m)	тайфун	tajfun

furacão (m)	бороон	boroon
tempestade (f)	бороон чапкын	boroon tʃapkın
tsunami (m)	цунами	tsunami

ciclone (m)	циклон	tsıklon
mau tempo (m)	жаан-чачындуу күн	dʒaan-tʃatʃınduu kyn
incêndio (m)	өрт	ørt
catástrofe (f)	кыйроо	kıjroo
meteorito (m)	метеорит	meteorit

avalanche (f)	көчкү	køtʃky
deslizamento (m) de neve	кар көчкүсү	kar køtʃkysy
nevasca (f)	кар бороону	kar boroonu
tempestade (f) de neve	бурганак	burganak

Fauna

135. Mamíferos. Predadores

predador (m)	жырткыч	dʒırtkıtʃ
tigre (m)	жолборс	dʒolbors
leão (m)	арстан	arstan
lobo (m)	карышкыр	karıʃkır
raposa (f)	түлкү	tylky
jaguar (m)	ягуар	jaguar
leopardo (m)	леопард	leopard
chita (f)	гепард	gepard
pantera (f)	пантера	pantera
puma (m)	пума	puma
leopardo-das-neves (m)	илбирс	ilbirs
lince (m)	сүлөөсүн	syløøsyn
coiote (m)	койот	kojot
chacal (m)	чөө	tʃøø
hiena (f)	гиена	giena

136. Animais selvagens

animal (m)	жаныбар	dʒanıbar
besta (f)	жапайы жаныбар	dʒapajı dʒanıbar
esquilo (m)	тыйын чычкан	tıjın tʃıtʃkan
ouriço (m)	кирпичечен	kirpitʃetʃen
lebre (f)	коён	koen
coelho (m)	коён	koen
texugo (m)	кашкулак	kaʃkulak
guaxinim (m)	енот	enot
hamster (m)	хомяк	xomjak
marmota (f)	суур	suur
toupeira (f)	момолой	momoloj
rato (m)	чычкан	tʃıtʃkan
ratazana (f)	келемиш	kelemiʃ
morcego (m)	жарганат	dʒarganat
arminho (m)	арс чычкан	ars tʃıtʃkan
zibelina (f)	киш	kiʃ
marta (f)	суусар	suusar
doninha (f)	ласка	laska
vison (m)	норка	norka

castor (m)	кемчет	kemtʃet
lontra (f)	кундуз	kunduz
cavalo (m)	жылкы	dʒɪlkɪ
alce (m)	багыш	bagɪʃ
veado (m)	бугу	bugu
camelo (m)	төө	tøø
bisão (m)	бизон	bizon
auroque (m)	зубр	zubr
búfalo (m)	буйвол	bujvol
zebra (f)	зебра	zebra
antílope (m)	антилопа	antilopa
corça (f)	элик	elik
gamo (m)	лань	lanʲ
camurça (f)	жейрен	dʒejren
javali (m)	каман	kaman
baleia (f)	кит	kit
foca (f)	тюлень	tʉlenʲ
morsa (f)	морж	mordʒ
urso-marinho (m)	деңиз мышыгы	deŋiz mɪʃɪgɪ
golfinho (m)	дельфин	delʲfin
urso (m)	аюу	ajʉu
urso (m) branco	ак аюу	ak ajʉu
panda (m)	панда	panda
macaco (em geral)	маймыл	majmɪl
chimpanzé (m)	шимпанзе	ʃimpanze
orangotango (m)	орангутанг	orangutang
gorila (m)	горилла	gorilla
macaco (m)	макака	makaka
gibão (m)	гиббон	gibbon
elefante (m)	пил	pil
rinoceronte (m)	керик	kerik
girafa (f)	жираф	dʒiraf
hipopótamo (m)	бегемот	begemot
canguru (m)	кенгуру	kenguru
coala (m)	коала	koala
mangusto (m)	мангуст	mangust
chinchila (m)	шиншилла	ʃinʃilla
doninha-fedorenta (f)	скунс	skuns
porco-espinho (m)	чүткөр	tʃytkør

137. Animais domésticos

gata (f)	ургаачы мышык	urgaatʃɪ mɪʃɪk
gato (m) macho	эркек мышык	erkek mɪʃɪk
cão (m)	ит	it

cavalo (m)	жылкы	dʒılkı
garanhão (m)	айгыр	ajgır
égua (f)	бээ	bee

vaca (f)	уй	uj
touro (m)	бука	buka
boi (m)	өгүз	øgyz

ovelha (f)	кой	koj
carneiro (m)	кочкор	kotʃkor
cabra (f)	эчки	etʃki
bode (m)	теке	teke

burro (m)	эшек	eʃek
mula (f)	качыр	katʃır

porco (m)	чочко	tʃotʃko
leitão (m)	торопой	toropoj
coelho (m)	коен	koen

galinha (f)	тоок	took
galo (m)	короз	koroz

pata (f)	өрдөк	ørdøk
pato (macho)	эркек өрдөк	erkek ørdøk
ganso (m)	каз	kaz

peru (m)	күрп	kyrp
perua (f)	ургаачы күрп	urgaatʃı kyrp

animais (m pl) domésticos	үй жаныбарлары	yj dʒanıbarları
domesticado	колго үйрөтүлгөн	kolgo yjrøtylgøn
domesticar (vt)	колго үйрөтүү	kolgo yjrøtyy
criar (vt)	өстүрүү	østyryy

quinta (f)	ферма	ferma
aves (f pl) domésticas	үй канаттулары	yj kanattuları
gado (m)	мал	mal
rebanho (m), manada (f)	бада	bada

estábulo (m)	аткана	atkana
pocilga (f)	чочкокана	tʃotʃkokana
estábulo (m)	уйкана	ujkana
coelheira (f)	коенкана	koenkana
galinheiro (m)	тоокана	tookana

138. Pássaros

pássaro (m), ave (f)	куш	kuʃ
pombo (m)	көгүчкөн	køgytʃkøn
pardal (m)	таранчы	tarantʃı
chapim-real (m)	синица	sinitsa
pega-rabuda (f)	сагызган	sagızgan
corvo (m)	кузгун	kuzgun

gralha (f) cinzenta	карга	karga
gralha-de-nuca-cinzenta (f)	таан	taan
gralha-calva (f)	чаркарга	tʃarkarga
pato (m)	өрдөк	ørdøk
ganso (m)	каз	kaz
faisão (m)	кыргоол	kırgool
águia (f)	бүркүт	byrkyt
açor (m)	ителги	itelgi
falcão (m)	шумкар	ʃumkar
abutre (m)	жору	dʒoru
condor (m)	кондор	kondor
cisne (m)	аккуу	akkuu
grou (m)	турна	turna
cegonha (f)	илегилек	ilegilek
papagaio (m)	тотукуш	totukuʃ
beija-flor (m)	колибри	kolibri
pavão (m)	тоос	toos
avestruz (m)	төө куш	tøø kuʃ
garça (f)	көк кытан	køk kıtan
flamingo (m)	фламинго	flamingo
pelicano (m)	биргазан	birgazan
rouxinol (m)	булбул	bulbul
andorinha (f)	чабалекей	tʃabalekej
tordo-zornal (m)	таркылдак	tarkıldak
tordo-músico (m)	сайрагыч таркылдак	sajragıtʃ tarkıldak
melro-preto (m)	кара таңдай таркылдак	kara taŋdaj tarkıldak
andorinhão (m)	кардыгач	kardıgatʃ
cotovia (f)	торгой	torgoj
codorna (f)	бөдөнө	bødønø
pica-pau (m)	тоңкулдак	toŋkuldak
cuco (m)	күкүк	kykyk
coruja (f)	мыкый үкү	mıkıj yky
corujão, bufo (m)	үкү	yky
tetraz-grande (m)	керең кур	kereŋ kur
tetraz-lira (m)	кара кур	kara kur
perdiz-cinzenta (f)	кекилик	kekilik
estorninho (m)	чыйырчык	tʃijırtʃık
canário (m)	канарейка	kanarejka
galinha-do-mato (f)	токой чили	tokoj tʃili
tentilhão (m)	зяблик	zʲablik
dom-fafe (m)	снегирь	snegirʲ
gaivota (f)	ак чардак	ak tʃardak
albatroz (m)	альбатрос	alʲbatros
pinguim (m)	пингвин	pingvin

139. Peixes. Animais marinhos

brema (f)	лещ	leʃʧ
carpa (f)	карп	karp
perca (f)	окунь	okunʲ
siluro (m)	жаян	dʒajan
lúcio (m)	чортон	ʧorton
salmão (m)	лосось	lososʲ
esturjão (m)	осётр	osʲotr
arenque (m)	сельдь	selʲdʲ
salmão (m)	сёмга	sʲomga
cavala, sarda (f)	скумбрия	skumbrija
solha (f)	камбала	kambala
lúcio perca (m)	судак	sudak
bacalhau (m)	треска	treska
atum (m)	тунец	tunets
truta (f)	форель	forelʲ
enguia (f)	угорь	ugorʲ
raia elétrica (f)	скат	skat
moreia (f)	мурена	murena
piranha (f)	пиранья	piranja
tubarão (m)	акула	akula
golfinho (m)	дельфин	delʲfin
baleia (f)	кит	kit
caranguejo (m)	краб	krab
medusa, alforreca (f)	медуза	meduza
polvo (m)	сегиз бут	segiz but
estrela-do-mar (f)	деңиз жылдызы	deŋiz dʒıldızı
ouriço-do-mar (m)	деңиз кирписи	deŋiz kirpisi
cavalo-marinho (m)	деңиз тайы	deŋiz tajı
ostra (f)	устрица	ustritsa
camarão (m)	креветка	krevetka
lavagante (m)	омар	omar
lagosta (f)	лангуст	langust

140. Amfíbios. Répteis

serpente, cobra (f)	жылан	dʒılan
venenoso	уулуу	uuluu
víbora (f)	кара чаар жылан	kara ʧaar dʒılan
cobra-capelo, naja (f)	кобра	kobra
pitão (m)	питон	piton
jiboia (f)	удав	udav
cobra-de-água (f)	сары жылан	sarı dʒılan

cascavel (f)	шакылдак жылан	ʃakıldak dʒılan
anaconda (f)	анаконда	anakonda
lagarto (m)	кескелдирик	keskeldirik
iguana (f)	игуана	iguana
varano (m)	эчкемер	etʃkemer
salamandra (f)	саламандра	salamandra
camaleão (m)	хамелеон	χameleon
escorpião (m)	чаян	tʃajan
tartaruga (f)	ташбака	taʃbaka
rã (f)	бака	baka
sapo (m)	курбака	kurbaka
crocodilo (m)	крокодил	krokodil

141. Insetos

inseto (m)	курт-кумурска	kurt-kumurska
borboleta (f)	көпөлөк	køpøløk
formiga (f)	кумурска	kumurska
mosca (f)	чымын	tʃımın
mosquito (m)	чиркей	tʃirkej
escaravelho (m)	коңуз	koŋuz
vespa (f)	аары	aarı
abelha (f)	бал аары	bal aarı
mamangava (f)	жапан аары	dʒapan aarı
moscardo (m)	көгөөн	køgøøn
aranha (f)	жөргөмүш	dʒørgømyʃ
teia (f) de aranha	желе	dʒele
libélula (f)	ийнелик	ijnelik
gafanhoto-do-campo (m)	чегиртке	tʃegirtke
traça (f)	көпөлөк	køpøløk
barata (f)	таракан	tarakan
carraça (f)	кене	kene
pulga (f)	бүргө	byrgø
borrachudo (m)	майда чымын	majda tʃımın
gafanhoto (m)	чегиртке	tʃegirtke
caracol (m)	үлүл	ylyl
grilo (m)	кара чегиртке	kara tʃegirtke
pirilampo (m)	жалтырак коңуз	dʒaltırak koŋuz
joaninha (f)	айланкөчөк	ajlankøtʃøk
besouro (m)	саратан коңуз	saratan koŋuz
sanguessuga (f)	сүлүк	sylyk
lagarta (f)	каз таман	kaz taman
minhoca (f)	жер курту	dʒer kurtu
larva (f)	курт	kurt

Flora

142. Árvores

árvore (f)	дарак	darak
decídua	жалбырактуу	dʒalbıraktuu
conífera	ийне жалбырактуулар	ijne dʒalbıraktuular
perene	дайым жашыл	dajım dʒaʃıl
macieira (f)	алма бак	alma bak
pereira (f)	алмурут бак	almurut bak
cerejeira (f)	гилас	gilas
ginjeira (f)	алча	altʃa
ameixeira (f)	кара өрүк	kara øryk
bétula (f)	ак кайың	ak kajıŋ
carvalho (m)	эмен	emen
tília (f)	жөкө дарак	dʒøkø darak
choupo-tremedor (m)	бай терек	baj terek
bordo (m)	клён	klʲon
espruce-europeu (m)	кара карагай	kara karagaj
pinheiro (m)	карагай	karagaj
alerce, lariço (m)	лиственница	listvennitsa
abeto (m)	пихта	piχta
cedro (m)	кедр	kedr
choupo, álamo (m)	терек	terek
tramazeira (f)	четин	tʃetin
salgueiro (m)	мажүрүм тал	madʒyrym tal
amieiro (m)	ольха	olʲχa
faia (f)	бук	buk
ulmeiro (m)	кара жыгач	kara dʒıgatʃ
freixo (m)	ясень	jasenʲ
castanheiro (m)	каштан	kaʃtan
magnólia (f)	магнолия	magnolija
palmeira (f)	пальма	palʲma
cipreste (m)	кипарис	kiparis
mangue (m)	мангро дарагы	mangro daragı
embondeiro, baobá (m)	баобаб	baobab
eucalipto (m)	эвкалипт	evkalipt
sequoia (f)	секвойя	sekvoja

143. Arbustos

arbusto (m)	бадал	badal
arbusto (m), moita (f)	бадал	badal

videira (f)	жүзүм	dʒyzym
vinhedo (m)	жүзүмдүк	dʒyzymdyk
framboeseira (f)	дан куурай	dan kuuraj
groselheira-preta (f)	кара карагат	kara karagat
groselheira-vermelha (f)	кызыл карагат	kızıl karagat
groselheira (f) espinhosa	крыжовник	krıdʒovnik
acácia (f)	акация	akatsija
bérberis (f)	бөрү карагат	børy karagat
jasmim (m)	жасмин	dʒasmin
junípero (m)	кара арча	kara artʃa
roseira (f)	роза бадалы	roza badalı
roseira (f) brava	ит мурун	it murun

144. Frutos. Bagas

fruta (f)	мөмө-жемиш	mømø-dʒemiʃ
frutas (f pl)	мөмө-жемиш	mømø-dʒemiʃ
maçã (f)	алма	alma
pera (f)	алмурут	almurut
ameixa (f)	кара өрүк	kara øryk
morango (m)	кулпунай	kulpunaj
ginja (f)	алча	altʃa
cereja (f)	гилас	gilas
uva (f)	жүзүм	dʒyzym
framboesa (f)	дан куурай	dan kuuraj
groselha (f) preta	кара карагат	kara karagat
groselha (f) vermelha	кызыл карагат	kızıl karagat
groselha (f) espinhosa	крыжовник	krıdʒovnik
oxicoco (m)	клюква	klʉkva
laranja (f)	апельсин	apelʲsin
tangerina (f)	мандарин	mandarin
ananás (m)	ананас	ananas
banana (f)	банан	banan
tâmara (f)	курма	kurma
limão (m)	лимон	limon
damasco (m)	өрүк	øryk
pêssego (m)	шабдаалы	ʃabdaalı
kiwi (m)	киви	kivi
toranja (f)	грейпфрут	grejpfrut
baga (f)	жер жемиш	dʒer dʒemiʃ
bagas (f pl)	жер жемиштер	dʒer dʒemiʃter
arando (m) vermelho	брусника	brusnika
morango-silvestre (m)	кызылгат	kızılgat
mirtilo (m)	кара моюл	kara mojʉl

145. Flores. Plantas

flor (f)	гүл	gyl
ramo (m) de flores	десте	deste
rosa (f)	роза	roza
tulipa (f)	жоогазын	dʒoogazın
cravo (m)	гвоздика	gvozdika
gladíolo (m)	гладиолус	gladiolus
centáurea (f)	ботокөз	botokøz
campânula (f)	коңгуроо гүл	koŋguroo gyl
dente-de-leão (m)	каакым-кукум	kaakım-kukum
camomila (f)	ромашка	romaʃka
aloé (m)	алоэ	aloe
cato (m)	кактус	kaktus
fícus (m)	фикус	fikus
lírio (m)	лилия	lilija
gerânio (m)	герань	geranʲ
jacinto (m)	гиацинт	giatsint
mimosa (f)	мимоза	mimoza
narciso (m)	нарцисс	nartsiss
capuchinha (f)	настурция	nasturtsija
orquídea (f)	орхидея	orχideja
peónia (f)	пион	pion
violeta (f)	бинапша	binapʃa
amor-perfeito (m)	алагүл	alagyl
não-me-esqueças (m)	незабудка	nezabudka
margarida (f)	маргаритка	margaritka
papoula (f)	кызгалдак	kızgaldak
cânhamo (m)	наша	naʃa
hortelã (f)	жалбыз	dʒalbız
lírio-do-vale (m)	ландыш	landıʃ
campânula-branca (f)	байчечекей	bajtʃetʃekej
urtiga (f)	чалкан	tʃalkan
azeda (f)	ат кулак	at kulak
nenúfar (m)	чөмүч баш	tʃømytʃ baʃ
feto (m), samambaia (f)	папоротник	paporotnik
líquen (m)	лишайник	liʃajnik
estufa (f)	күнөскана	kynøskana
relvado (m)	газон	gazon
canteiro (m) de flores	клумба	klumba
planta (f)	өсүмдүк	øsymdyk
erva (f)	чөп	tʃøp
folha (f) de erva	бир тал чөп	bir tal tʃøp

folha (f)	жалбырак	dʒalbırak
pétala (f)	гүлдүн желекчеси	gyldyn dʒelektʃesi
talo (m)	сабак	sabak
tubérculo (m)	жемиш тамыр	dʒemiʃ tamır
broto, rebento (m)	өсмө	øsmø
espinho (m)	тикен	tiken
florescer (vi)	гүлдөө	gyldøø
murchar (vi)	соолуу	sooluu
cheiro (m)	жыт	dʒıt
cortar (flores)	кесүү	kesyy
colher (uma flor)	үзүү	yzyy

146. Cereais, grãos

grão (m)	дан	dan
cereais (plantas)	дан эгиндери	dan eginderi
espiga (f)	машак	maʃak
trigo (m)	буудай	buudaj
centeio (m)	кара буудай	kara buudaj
aveia (f)	сулу	sulu
milho-miúdo (m)	таруу	taruu
cevada (f)	арпа	arpa
milho (m)	жүгөрү	dʒygøry
arroz (m)	күрүч	kyrytʃ
trigo-sarraceno (m)	гречиха	gretʃixa
ervilha (f)	нокот	nokot
feijão (m)	төө буурчак	tøø buurtʃak
soja (f)	соя	soja
lentilha (f)	жасмык	dʒasmık
fava (f)	буурчак	buurtʃak

PAÍSES. NACIONALIDADES

147. Europa Ocidental

| Europa (f) | Европа | evropa |
| União (f) Europeia | Европа Биримдиги | evropa birimdigi |

Áustria (f)	Австрия	avstrija
Grã-Bretanha (f)	Улуу Британия	uluu britanija
Inglaterra (f)	Англия	anglija
Bélgica (f)	Бельгия	belʲgija
Alemanha (f)	Германия	germanija

Países (m pl) Baixos	Нидерланддар	niderlanddar
Holanda (f)	Голландия	gollandija
Grécia (f)	Греция	greʦija
Dinamarca (f)	Дания	danija
Irlanda (f)	Ирландия	irlandija
Islândia (f)	Исландия	islandija

Espanha (f)	Испания	ispanija
Itália (f)	Италия	italija
Chipre (m)	Кипр	kipr
Malta (f)	Мальта	malʲta

Noruega (f)	Норвегия	norvegija
Portugal (m)	Португалия	portugalija
Finlândia (f)	Финляндия	finlʲandija
França (f)	Франция	franʦija

Suécia (f)	Швеция	ʃveʦija
Suíça (f)	Швейцария	ʃvejʦarija
Escócia (f)	Шотландия	ʃotlandija

Vaticano (m)	Ватикан	vatikan
Liechtenstein (m)	Лихтенштейн	lixtenʃtejn
Luxemburgo (m)	Люксембург	luksemburg
Mónaco (m)	Монако	monako

148. Europa Central e de Leste

Albânia (f)	Албания	albanija
Bulgária (f)	Болгария	bolgarija
Hungria (f)	Венгрия	vengrija
Letónia (f)	Латвия	latvija

| Lituânia (f) | Литва | litva |
| Polónia (f) | Польша | polʲʃa |

Roménia (f)	Румыния	rumınija
Sérvia (f)	Сербия	serbija
Eslováquia (f)	Словакия	slovakija
Croácia (f)	Хорватия	χorvatija
República (f) Checa	Чехия	tʃeχija
Estónia (f)	Эстония	estonija
Bósnia e Herzegovina (f)	Босния жана	bosnija dʒana
Macedónia (f)	Македония	makedonija
Eslovénia (f)	Словения	slovenija
Montenegro (m)	Черногория	tʃernogorija

149. Países da ex-URSS

Azerbaijão (m)	Азербайжан	azerbajdʒan
Arménia (f)	Армения	armenija
Bielorrússia (f)	Беларусь	belarusʲ
Geórgia (f)	Грузия	gruzija
Cazaquistão (m)	Казакстан	kazakstan
Quirguistão (m)	Кыргызстан	kırgızstan
Moldávia (f)	Молдова	moldova
Rússia (f)	Россия	rossija
Ucrânia (f)	Украина	ukraina
Tajiquistão (m)	Тажикистан	tadʒikistan
Turquemenistão (m)	Туркмения	turkmenija
Uzbequistão (f)	Өзбекистан	øzbekistan

150. Asia

Ásia (f)	Азия	azija
Vietname (m)	Вьетнам	vjetnam
Índia (f)	Индия	indija
Israel (m)	Израиль	izrailʲ
China (f)	Кытай	kıtaj
Líbano (m)	Ливан	livan
Mongólia (f)	Монголия	mongolija
Malásia (f)	Малазия	malazija
Paquistão (m)	Пакистан	pakistan
Arábia (f) Saudita	Сауд Аравиясы	saud aravijası
Tailândia (f)	Таиланд	tailand
Taiwan (m)	Тайвань	tajvanʲ
Turquia (f)	Туркия	tyrkija
Japão (m)	Япония	japonija
Afeganistão (m)	Ооганстан	ooganstan
Bangladesh (m)	Бангладеш	bangladeʃ

Indonésia (f)	Индонезия	indonezija
Jordânia (f)	Иордания	iordanija
Iraque (m)	Ирак	irak
Irão (m)	Иран	iran
Camboja (f)	Камбожа	kamboʤa
Kuwait (m)	Кувейт	kuvejt
Laos (m)	Лаос	laos
Myanmar (m), Birmânia (f)	Мьянма	mjanma
Nepal (m)	Непал	nepal
Emirados Árabes Unidos	Бириккен Араб Эмираттары	birikken arab emirattarı
Síria (f)	Сирия	sirija
Palestina (f)	Палестина	palestina
Coreia do Sul (f)	Түштүк Корея	tyʃtyk koreja
Coreia do Norte (f)	Түндүк Корея	tundyk koreja

151. América do Norte

Estados Unidos da América	Америка Кошмо Штаттары	amerika koʃmo ʃtattarı
Canadá (m)	Канада	kanada
México (m)	Мексика	meksika

152. América Central do Sul

Argentina (f)	Аргентина	argentina
Brasil (m)	Бразилия	brazilija
Colômbia (f)	Колумбия	kolumbija
Cuba (f)	Куба	kuba
Chile (m)	Чили	ʧili
Bolívia (f)	Боливия	bolivija
Venezuela (f)	Венесуэла	venesuela
Paraguai (m)	Парагвай	paragvaj
Peru (m)	Перу	peru
Suriname (m)	Суринам	surinam
Uruguai (m)	Уругвай	urugvaj
Equador (m)	Эквадор	ekvador
Bahamas (f pl)	Багам аралдары	bagam araldarı
Haiti (m)	Гаити	gaiti
República (f) Dominicana	Доминикан Республикасы	dominikan respublikası
Panamá (m)	Панама	panama
Jamaica (f)	Ямайка	jamajka

153. Africa

Egito (m)	Египет	egipet
Marrocos	Марокко	marokko
Tunísia (f)	Тунис	tunis
Gana (f)	Гана	gana
Zanzibar (m)	Занзибар	zanzibar
Quénia (f)	Кения	kenija
Líbia (f)	Ливия	livija
Madagáscar (m)	Мадагаскар	madagaskar
Namíbia (f)	Намибия	namibija
Senegal (m)	Сенегал	senegal
Tanzânia (f)	Танзания	tanzanija
África do Sul (f)	ТАР	tar

154. Austrália. Oceania

Austrália (f)	Австралия	avstralija
Nova Zelândia (f)	Жаңы Зеландия	dʒaŋı zelandija
Tasmânia (f)	Тасмания	tasmanija
Polinésia Francesa (f)	Француз Полинезиясы	frantsuz polinezijası

155. Cidades

Amesterdão	Амстердам	amsterdam
Ancara	Анкара	ankara
Atenas	Афина	afina
Bagdade	Багдад	bagdad
Banguecoque	Бангкок	bangkok
Barcelona	Барселона	barselona
Beirute	Бейрут	bejrut
Berlim	Берлин	berlin
Bombaim	Бомбей	bombej
Bona	Бонн	bonn
Bordéus	Бордо	bordo
Bratislava	Братислава	bratislava
Bruxelas	Брюссель	brusselʲ
Bucareste	Бухарест	buxarest
Budapeste	Будапешт	budapeʃt
Cairo	Каир	kair
Calcutá	Калькутта	kalʲkutta
Chicago	Чикаго	tʃikago
Cidade do México	Мехико	meχiko
Copenhaga	Копенгаген	kopengagen
Dar es Salaam	Дар-эс-Салам	dar-es-salam

Deli	Дели	deli
Dubai	Дубай	dubaj
Dublin, Dublim	Дублин	dublin
Düsseldorf	Дюссельдорф	dʉsselʲdorf
Estocolmo	Стокгольм	stokgolʲm
Florença	Флоренция	florentsija
Frankfurt	Франкфурт	frankfurt
Genebra	Женева	dʒeneva
Haia	Гаага	gaaga
Hamburgo	Гамбург	gamburg
Hanói	Ханой	χanoj
Havana	Гавана	gavana
Helsínquia	Хельсинки	χelʲsinki
Hiroshima	Хиросима	χirosima
Hong Kong	Гонконг	gonkong
Istambul	Стамбул	stambul
Jerusalém	Иерусалим	ierusalim
Kiev	Киев	kiev
Kuala Lumpur	Куала-Лумпур	kuala-lumpur
Lisboa	Лиссабон	lissabon
Londres	Лондон	london
Los Angeles	Лос-Анджелес	los-andʒeles
Lion	Лион	lion
Madrid	Мадрид	madrid
Marselha	Марсель	marselʲ
Miami	Майями	majami
Montreal	Монреаль	monrealʲ
Moscovo	Москва	moskva
Munique	Мюнхен	mʉnχen
Nairóbi	Найроби	najrobi
Nápoles	Неаполь	neapolʲ
Nice	Ницца	nitstsa
Nova York	Нью-Йорк	njʉ-jork
Oslo	Осло	oslo
Ottawa	Оттава	ottava
Paris	Париж	paridʒ
Pequim	Пекин	pekin
Praga	Прага	praga
Rio de Janeiro	Рио-де-Жанейро	rio-de-dʒanejro
Roma	Рим	rim
São Petersburgo	Санкт-Петербург	sankt-peterburg
Seul	Сеул	seul
Singapura	Сингапур	singapur
Sydney	Сидней	sidnej
Taipé	Тайпей	tajpej
Tóquio	Токио	tokio
Toronto	Торонто	toronto
Varsóvia	Варшава	varʃava

Veneza	Венеция	venetsija
Viena	Вена	vena
Washington	Вашингтон	waʃington
Xangai	Шанхай	ʃanχaj

www.ingramcontent.com/pod-product-compliance
Lightning Source LLC
Chambersburg PA
CBHW070603050426
42450CB00011B/2965